献给我的外婆，

完成本书稿的前一天梦里，

我又回到童年，依偎您的身旁，

泪满巾，心如霜。

罗马环境法要论

Essentials of Roman Environmental Law

李飞 著

本书系司法部研究项目『环境法律保护的古罗马经验及其借鉴研究』（15SFB2006）最终成果

法律出版社
LAW PRESS·CHINA
北京

图书在版编目(CIP)数据

罗马环境法要论 / 李飞著. -- 北京 : 法律出版社，2022

ISBN 978-7-5197-6343-5

Ⅰ. ①罗… Ⅱ. ①李… Ⅲ. ①罗马法—环境保护法—研究 Ⅳ. ①D904.1

中国版本图书馆 CIP 数据核字(2022)第 014396 号

罗马环境法要论
LUOMA HUANJINGFA YAOLUN

李　飞　著

责任编辑 韩满春
装帧设计 臧晓飞

出版发行 法律出版社
编辑统筹 学术·对外出版分社
责任校对 杨锦华
责任印制 陶　松
经　　销 新华书店

开本 880 毫米×1230 毫米　1/32
印张 6.75　**字数** 115 千
版本 2022 年 3 月第 1 版
印次 2022 年 3 月第 1 次印刷
印刷 天津嘉恒印务有限公司

地址:北京市丰台区莲花池西里 7 号(100073)
网址:www.lawpress.com.cn
投稿邮箱:info@lawpress.com.cn
举报盗版邮箱:jbwq@lawpress.com.cn
销售电话:010-83938349
客服电话:010-83938350
咨询电话:010-63939796

书号:ISBN 978-7-5197-6343-5　**定价**:38.00 元

凡购买本社图书,如有印装错误,我社负责退换。电话:010-83938349

目录

引　　言

环境问题以及环境的法律保护已然成为全球性的重要问题,环境法学也因之成为当下的一门显学。我国环境法学者在环境法律保护方面有颇多理论建树,并且考虑到环境问题的国际性,学界在环境法律制度的比较法研究层面也着墨不少,然而长期以来,我国学者在从事上述研究时似乎默示环境问题是一个现代性问题,而有意无意忽视了对古代世界是否也存在环境问题及其对环境问题的法律规制的思考。我国学者明确打出"环境史"的学术旗帜是比较晚近的事情,直到1999年,"环境史"才作为一个专门史学术语正式被介绍到我国。① 此后,我国环境史研究异军突起,成为新的学术热点。但是总体上来看,我国学界对环境史的研究流于宏观,而将视线投射到作为本书主题所在的

① 参见曾华璧:《论环境史研究的源起、意义与迷思:以美国的论著为例之探讨》,载《台大历史学报》1999年第23期。转引自王利华为下列著作所作之"序":田丰、李旭明主编:《环境史:从人与自然的关系叙述历史》,商务印书馆2011年版,第4页。

古罗马者更为鲜见，且基本局限于法学之外，这为笔者从法学的视角审视历史中的罗马环境法，尤其是罗马人对环境要素的法律规制，提供了可能有所作为的空间。实际上，从根本上来说，环境问题就是人与资源的紧张关系，而同样存在此等紧张关系的古代世界的个别地区或某些时期自然也会面临我们今天所面临的环境问题，共和晚期至帝政初期的古罗马就是一个适例，其每平方公里 6 万人的人口密度使罗马城面临空前严重的环境问题，而古罗马的统治者和法学家们也因之从法律上给予了回应。古罗马在环境法律保护方面的实践为今人提供了难得的历史样本，对处于环境问题旋涡的当代人而言，既有值得我们反思之处，也不乏值得我们借鉴之经验。

本书的研究对象是罗马人在环境法律保护方面的理念与法律制度的构建及其值得反思与借鉴之处，分四部分展开：第一章为罗马环境法总论，在对中外既有研究成果进行梳理的基础上，对罗马人的环保理念、相应的设施建设与法律制度构建进行了宏观维度的系统梳理。第二章和第三章为罗马环境法分论，从微观的视角分别对四种主要的环境要素（空气与水、森林与矿产）在罗马法中的处遇进行检讨。第四章探讨一种特别的环境要素——非人动物在罗马法中的地位。最后是结语，通过审视罗马人在环境法律保护方面所存在的问题和可资借鉴的经验，希望为我们解决当下的环境问题提供某些有益的启发与思考。

第一章　罗马环境法初探：理念、设施与法制*

在古罗马的整个历史进程中，尤其从逐渐启动城市化道路的共和中后期开始，罗马人面临各种与人口剧增、生产方式改变和城市化现象相关的环境恶化问题，并且出现了对改善自然环境的早期反思。这种反思起于宗教而达致法律，最终落实为一系列具有环境保护效果的设施之建立和促进环境要素得到保护的法律工具之创设。但从总体上来看，罗马人尚不具有一般意义上的环境保护意识，其对环境的法律干预只是间接和部分性的。即便如此，罗马人对环境问题的关注视角及其制度设置，对处于环境保护困境中的当世，仍然具有一定的启示意义。

* 本章的主体内容发表于《河南财经政法大学学报》2017 年第 1 期，后被《高等学校文科学术文摘》2017 年第 3 期论点摘登。

第一节　研究意义及相关文献概述

人们通常将自然环境恶化的责任归咎于工业化以来的人类历史进程，因此倾向于将为保护环境进行的法律干预归始于法国大革命尤其是工业经济之后的历史时期。① 我国学者在从事环境法研究时似乎也假定了这种环境问题的现代性，而忽视对古代世界是否也存在同样问题的思考。毫无疑问，工业革命加速了全球性环境危机的到来，但并不能否认，早在工业革命之前的古代历史进程中，尤其在共和中后期就已经开始城市化道路的古罗马，人们已经面临各种与人口剧增、生产方式改变和城市化现象相关的环境恶化问题，并且出现了对改善自然环境的早期反思，其中就包括一系列有助于环境保护的法律工具的出现，即使这种对环境的法律干预可能只是间接和部分性的。实际上，共和晚期至帝政初期的罗马城就因其每平方公里约6万人的人口密度而面临严重的环境危机，②古罗马的统治者和法学家因之从法律上给予了回应。

上述判断可能会引起一些可以理解的困惑甚至质

---

① Laura Solidoro Maruotti, *La Tutela dell'ambiente nella sua Evoluzione Storica: L'esperienza del Mondo Antico*, Torino: G. Giappichelli Editore, 2009, p. 40.

② Cfr. Jérôme Carcopino, *La Vita Quotidiana a Roma all'apogeo dell'Impero* (*Traduzione Italiana di Eva Omodeo Zona*), Roma-Bari: Laterza, 1984, p. 31.

疑。的确,罗马人并未面临现代典型的由于工业生产的发展而产生的污染问题,古罗马所处的前工业社会不存在类似于当今的一些影响环境的因素(比如不可被生物降解的化学物质、放射性物质和电磁波等),后者在很大程度上是“看不见”“摸不着”的,且具有无机性,而前者主要是有机物,并且其产生的后果往往能够被立即感知。尽管如此,在古罗马社会也出现了影响环境的各种问题,罗马人在环境保护法律方面,在今天看来仍具有的经验为我们提供了历史样本。研究罗马人对环境保护理念的转变、相关设施的配置和法律制度的变迁,除了可以满足我们对知识考古的某种好奇心之外,更重要的是具有实践意义:一方面,可以了解古代与现代的环境侵犯行为在各方面的区别;另一方面,可以从历史的视角反思环境法律救济的相关问题。

西方学界对这一问题的研究成果颇丰。其先驱为意大利学者恩佐·纳尔蒂(Enzo Nardi),他于 1984 年首次将古罗马原始文献中涉及环境问题的片段整理成一个清单。[①] 此后,众多意大利学者加入古罗马环境法研究的阵营,如保罗·菲德利(Paolo Fedeli)[②]、安德

① Cfr. Enzo Nardi, *Inquinamento e Diritto Romano*, in *Studi in onore di Tito Carnacini* (Vol. 3), Milano: Giuffrè, 1984, p. 755ss.

② Paolo Fedeli, *La Natura Violata: Ecologia e Mondo Romano*, Palermo: Sellerio, 1990.

烈·迪·波尔多(Andrea Di Porto)[①]、马里奥·菲奥伦蒂尼(Mario Fiorentini)[②]、劳拉·索利多罗·玛罗蒂(Laura Solidoro Maruotti)[③]、琴齐娅·贝阿尔佐特(Cinzia Bearzot)[④]、约勒·法略莉(Iole Fargnoli)[⑤]等,奠定了意大利在该研究领域的主导地位。如同在罗马法研究的其他领域,在罗马环境法研究方面,德国学者亦颇有建树:雷纳特·费舍尔(Renate Fischer)是涉足该领域的第一人,他于1996年完成了《罗马法中的环境保护的规定》[⑥]一书,此后的安德烈斯·瓦克(Andreas

---

① Andrea Di Porto, *La Tutela della《Salubritas》fra Editto e Giurisprudenza* (Ⅰ): *Il Ruolo di Labeone*, Milano: Giuffrè, 1990; Andrea Di Porto, *La Gestione dei Rifiuti a Roma fra Tarda Repubblica e Primo Impero: Linee di un 'Modello'*, in Feliciano Serrao (a cura di), *Societas-Ius: Munuscula di allievi a Feliciano Serrao*, Napoli: Jovene, 1999.

② Mario Fiorentini, *Precedenti di Diritto Ambientale a Roma? I. La Contaminazione delle Acque*, in *Index*, 2006 (34), p. 353ss; Mario Fiorentini, *Precedenti di Diritto Ambientale a Roma?* Ⅱ. *La Tutela Boschiva*, in *Index*, 2007 (35), p. 325ss.

③ Laura Solidoro Maruotti, *La Tutela dell'ambiente nella sua Evoluzione Storica: L'esperienza del Mondo Antico*, Torino: G. Giappichelli Editore, 2009.

④ Cinzia Bearzot, *Uomo e Ambiente nel Mondo Antico*, in *Rivista della Scuola Superiore dell'economia e delle Finanze*, 2010 (7/2), p. 9ss.

⑤ 意大利米兰大学的约勒·法略莉教授曾于2012年4月11日在厦门大学法学院做了一场关于该主题的演讲。法略莉教授的演讲主要分析了古罗马法律制度中涉及环境保护的"令状""倒泼或投掷之诉""否定之诉"三种制度。该演讲稿中译文参见[意]约勒·法略莉:《古罗马的环境保护》,李飞译,载《厦门大学学报》(哲学社会科学版)2012年第4期。该文亦被收于本书附录。

⑥ Renate Fischer, *Umweltschützende Bestimmungen im Römischen Recht*, Aachen: Shaker Verlag, 1996.

Wacke）[①]、古德伦·弗德勒（Gudrun Vögler）[②]等继续在该领域进行深耕；法国学者罗伯特·贝顿（Robert Bedon）和埃拉·赫尔蒙（Ella Hermon）于 2005 年主编了文集《罗马帝国的观念、实践与环境问题》[③]，西班牙学者何塞·路易斯·萨莫拉·曼萨诺（José Luis Zamora Manzano）于 2003 年出版了专著《环境法的罗马先例：水污染、污水管道与森林的非法采伐》[④]，实现了法国和西班牙在该领域的突破。

此外，在法学界之外，探究环境史问题绕不开的一位学者是美国历史学家唐纳德·休斯（J. Donald Hughes）。休斯教授在环境史研究领域成果丰富，在世界范围内产生了重要影响。其代表性作品有已经翻译成中文的《什么是环境史》[⑤]和《世界环境史》[⑥]。在其作品中，与古罗马相关者主要有两部著作，一是《潘神的劳苦：古代希腊人和罗马人的环境问题》，考察了

---

① Andreas Wacke, *Umweltschutz im Römischen Recht?*, in *Orbis Iuris Romani*, 2002（7）, S. 101 ff.

② Gudrun Vögler, *Öko - Griechen und Grüne Römer?*, Düsseldorf/Zürich：Artemis & Winkler Verlag, 2000.

③ Robert Bedon & Ella Hermon, *Concepts*, *Pratiques et Enjeux Environnementaux dans l'empire Romain*, Limoges：Presses Universitaires de Limoges, 2005.

④ José Luis Zamora Manzano, *Precedentes Romanos sobre el Derecho Ambiental*：*La Contaminación de Aguas*, *Canalización de las Aguas Fecales y la Tala Ilícita Forestal*, Madrid：Edisofer, 2003.

⑤ ［美］J. 唐纳德·休斯：《什么是环境史》，梅雪芹译，北京大学出版社 2008 年版。

⑥ ［美］J. 唐纳德·休斯：《世界环境史——人类在地球生命中的角色转变》，赵长凤、王宁、张爱萍译，电子工业出版社 2014 年版。

古希腊罗马以及受其影响地区的环境史，并将古代世界的环境问题与近现代的环境问题进行了对比分析，得出古代文明的衰落部分归因于对自然的过度剥削的结论；①二是《地中海地区：一部环境史》，作者以案例研究为主，重点阐述了古代两河流域的农业问题、气候变化如何助推了罗马帝国的没落，以及阿斯旺大坝的建设对尼罗河的影响，尤其关注了人类活动对地中海世界的动植物所带来的生存影响。②

然而我国学界对这个主题的关注极少，在笔者的阅读范围内，仅有的几篇涉及该主题的中文文献，除徐国栋教授的《罗马公共卫生法初探》③外，均为历史学者的研究成果，如杜平教授等试图论证战争的破坏和统治者的诈取致使地力衰竭从而发生饥荒、滥伐森林导致水土流失进而引发瘟疫横行和人口减少等成为西罗马帝国衰亡的最根本原因之一；④王玉冲博士等则在帝国早期罗马人追求有益健康的城市布局、城市绿化和优质水源的努力中探寻其环境卫生观，并对罗马

① J. Donald Hughes, *Environmental Problems of the Greeks and Romans*, Baltimore: Johns Hopkins University Press, 1996.

② J. Donald Hughes, *The Mediterranean: An Environmental History*, Santa Barbara: ABC-CLIO, 2005.

③ 徐国栋：《罗马公共卫生法初探》，载《清华法学》2014 年第 1 期。

④ 参见杜平：《西罗马帝国生态环境恶化的历史考察》，载《内蒙古民族大学学报》（社会科学版）2004 年第 2 期；李长林、杜平：《生态环境的恶化与西罗马帝国的衰亡》，载《湖南师范大学社会科学学报》2004 年第 1 期。

城的环境卫生管理和公共卫生设施进行了简单介绍。[①] 前文提到的徐国栋教授的文章是我国学界目前仅见的触及本研究主题的法学作品。徐教授对共和晚期至帝政初期这一时段内罗马人的生活环境及其污染问题、罗马人的公共卫生措施以及相应的法律进行了全面系统的梳理，同时通过对罗马反疾病法的研究，建立起系统的罗马公共卫生法的理论体系。但是公共卫生法并非如徐教授所言，就是环保法和反疾病法的简单相加，公共卫生法和环保法虽有交叉，但它们无论从规制对象、规制目的和规制手段上都有着根本的不同，因此，本书着眼于开拓罗马环境法这一领域。

第二节　罗马人的环境理念

一、早期宗教视野下的环境理念

对于环境恶化问题的感知与回应，在不同时代有着显著的不同。一般认为，某些罗马法学家对环境问题的感应以及裁判官的干预，是希腊哲学思想在古罗马特别是在其精英阶层中广泛传播的结果。[②] 毫无疑问，希腊哲学思想强烈影响了共和晚期和古典初期的

① 参见王玉冲、郑坤芳：《论帝国早期罗马城的环境管理》，载《徐州师范大学学报》（哲学社会科学版）2009 年第 2 期。

② Lucia Monaco, *Sensibilità Ambientali nel Diritto Romano, tra Prerogative dei Singoli e Bisogni della Collettività*, in *Teoria e Storia del Diritto Privato*, 2012 (5), p. 5.

某些有识之士,①他们对环境问题进行了初步思考,并促使了有助于环境保护的相关法律和裁判官制度的形成。然而并不是说,在此之前,古罗马人对环境问题完全没有本土化的感知。

在古罗马的早期历史中,罗马人在宗教与“圣法”的范畴内来理解人与自然的关系。他们借助于祭司团体,通过自然的征兆来解释作为大自然统治者的“神”的意志。祭司们专注于观察天空和大地的各种现象,从而发现神的意志。西塞罗在《论法律》2,8,20-21中对此是这样描述的:“祭司应分三类:其中一类主管典仪和献祭,另一类主管解释得到元老院和人民承认的语言和灵感附身者的神谕,国家占卜官作为至高至尊的朱庇特的意志的解释者,则根据征兆和鸟飞进行预言,保持学说的纯洁性。让祭司们为葡萄园、柳丛和人民的福祉发布预言……愿祭司们预知神明们的不满,理解它们的含义,把天空的闪电保持在一定的区域,使城市、原野、庙地保持自由的视野……让凡是占卜官宣布为不正义的、亵渎的、罪恶的、不洁的均属无

① 古希腊哲学对罗马的影响是一个漫长的过程,共和早期的《十二表法》就大量借鉴了古希腊法,但真正对罗马人和罗马法产生深刻影响的古希腊哲学流派大多成熟于公元前1世纪,因此希腊哲学在古罗马的广泛传播是共和晚期及以后的事情。参见徐国栋:《共和晚期希腊哲学对罗马法之技术和内容的影响》,载《中国社会科学》2003年第5期。

效，均不执行，不服从者按极刑论处。”①西塞罗在上述文本中使用的“发布预言”（*augurare*）一词与“增长、增加”（*augere*）一词紧密相关。有学者就此得出如下值得商榷但并非毫无道理的结论：从此等活动中产生了罗马人古老的对土地进行改良的思想。②

对于树木和树林的保护，如果它们属于私人所有，则如同其他私人财产受到保护；如果它们不属于任何个人，在古罗马，也在宗教的范畴内得到保护。从古时起，大片的非私人所有的树林就被罗马人划定为“圣林”，为了不激怒神灵，禁止侵犯圣树，包括禁止在圣林中砍伐、犁地或捕杀动物。③ 只是在后基督教时代，由于对有关宗教信仰的镇压，“圣林”才完全消失。不独为此，除了“圣林”，某些特殊的树种还被划定为献给诸神的“圣树”。老普林尼（Gaius Plinius Secundus）在《自然史》12，2，3 中为我们提供了一个圣树的清单：圣栎（橡树）、月桂树、橄榄树、爱神木（桃金娘）和杨树。他认为，森林曾经是众神居住的地方，根据古代规定的宗教仪式，即使到现在，各地都要把一种特别高大

---

①　本书所引西塞罗《论法律》和《论共和国》的相关内容，其中译文皆参考了如下译本，下文不再逐一标注：［古罗马］西塞罗：《论共和国 论法律》，王焕生译，中国政法大学出版社 1997 年版。

②　Lucia Monaco, *Sensibilità Ambientali nel Diritto Romano, tra Prerogative dei Singoli e Bisogni della Collettività*, in *Teoria e Storia del Diritto Privato*, 2012 (5), p. 7.

③　参见［美］J. 唐纳德·休斯：《世界环境史——人类在地球生命中的角色转变》，赵长凤、王宁、张爱萍译，电子工业出版社 2014 年版，第 82 页。

的树木献给一位神祇,不同种类的树木献给它们各自的神祇,这些献给神祇的树木即所谓圣树,包括献给朱庇特的圣栎、献给阿波罗的月桂树、献给密涅瓦的橄榄树、献给维纳斯的爱神木和献给赫拉克勒斯的杨树。[①]

对于地下之物(矿藏、大理石等)的保护最初也是局限于宗教领域内,其保护的基调是:采矿活动是渎圣的,因此曾禁止一切采矿活动。[②] 但是这并未能阻止贪婪的人们将攫取资源的触角深入地下,公元前5世纪的古希腊历史学家希罗多德在其《历史》6,47中所描述的塔索斯(爱琴海中的一个希腊岛屿)矿的状况同样适用于古罗马:“这些矿山我自己都去看过……这个岛现在便是因这个腓尼基人塔索斯而得名的。这些腓尼基的矿山……这是一座大山,它已被寻矿的人们给挖得翻过来了。”[③]

有关水的各个方面的问题也受到罗马人的关注,并产生了一系列的保护性干预措施,这些干预措施首先也是在宗教领域,最初只是受到宗教的启发,其次才引起法律制度的关注。关于早期罗马人对圣水以及对台伯河的崇拜,在西塞罗和维特鲁威等作家的作品中

---

① 参见[古罗马]普林尼:《自然史》,李铁匠译,上海三联书店2018年版,第177页。本书所引老普林尼《自然史》的相关内容,在该中译本有对应译文时皆参考了该译本,下文不再逐一标注。

② Cfr. Laura Solidoro Maruotti, *La Tutela dell'ambiente nella sua Evoluzione Storica*: *L'esperienza del Mondo Antico*, Torino: G. Giappichelli Editore, 2009, p. 45.

③ [古希腊]希罗多德:《历史:希腊波斯战争史》(下册),王以铸译,商务印书馆1997年版,第420页。

都有所记载。西塞罗在《论神性》3,20,52 中写道："如果大地是神，那么海洋也是，你把它称为尼普顿，还有泉水和江河。马索(Masso)在从科西嘉岛凯旋途中建立神坛祭奉泉神，在预言家的祷文中可以看到台伯河、斯宾诺河、阿尔摩河、诺底努斯河以及其他一些邻近的河流的名字。"[①]维特鲁威的《建筑十书》1,2,7 中有类似的论述："如果首先对一切圣地选取最健康的土地，在它的境内选择适当的泉水，在那里建造起神庙……这样，由于场地的自然性质，诸神祇便受到更高而胜过先前威望的信仰。"[②]维吉尔作品的评注者，拉丁语法学家塞尔维尤斯·达捏里努斯(Servius Danielinus)还告诉我们，当卡玛里纳(Camarina)的居民为了改善居住环境而决定将城市附近的一片沼泽地进行疏干之前，他们首先求助于阿波罗的神谕。[③]

此外，与宗教方面的原因有关，但也出于公共健康和环境保护的原因，《十二表法》禁止在城内埋葬或焚烧尸体，其第 10 表第 1 条规定："不得在市区内埋葬或

---

① 本书所引西塞罗《论神性》的相关内容，其中译文皆参考了如下译本，下文不再逐一标注：[古罗马]西塞罗：《论神性》，石敏敏译，上海三联书店 2007 年版。

② [古罗马]维特鲁威：《建筑十书》，高履泰译，知识产权出版社 2001 年版，第 15 页。

③ 阿波罗的神谕告诫卡玛里纳的居民不要对自然形成的沼泽进行任何改造，但他们不顾神谕的警示执意将沼泽排干，最终遭到了惩罚。Cfr. Paolo Fedeli, *La Natura Violata: Ecologia e Mondo Romano*, Palermo: Sellerio, 1990, p. 41.

焚化死者。”[1]本条以立法的方式对尸体处理方式的规定，显然考虑到了尸体的埋葬所隐藏的疫病传染风险和焚烧尸体所排放的烟雾可能会对环境造成破坏，[2]但该法所从属的第10表（整体上是有关墓葬的规定）又属于“宗教法”或“圣法”的范畴。[3]

在罗马人看来，之所以要敬畏作为神的意志的表达工具的大自然，是因为人类的生存完全依赖于它。在《论神性》2，5，13中，西塞罗断言，人类从气候和大地的肥沃中获益良多：“有四个方面的影响构成了人关于诸神的影像……其次，给我们带来巨大福祉的温和的天气、陆地上丰硕的果实以及其他大量的神的恩赐，也在影响着我们关于诸神的影像。”虽然自然规律不能被忽视，也不会因人的意愿而被废除，但可以通过学习从而认识自然规律来改善对自然的依赖条件。西塞罗认为，罗马人就通过模仿自然、征服自然，从而创

① 《〈十二表法〉新译本》，徐国栋等译，载《河北法学》2005年第11期。

② Cfr. Mario Fiorentini, *Precedenti di Diritto Ambientale a Roma? I. La Contaminazione delle Acque*, in *Index*, 2006 (34), p. 356.

③ 《十二表法》颁行之时各表并无其名，但后者不少学者根据其内容，为各表设相应名号。金兰荪先生的《十二表法》中译本、周枏先生的《十二表法》中译本和陈筠、防微先生的《十二表法》中译本均将该法第10表冠以“宗教法”或“圣法”之名，西方罗马法学界也不乏作此等冠名者。参见徐国栋：《对十二表法的4个中译本的比较分析》，载《求是学刊》2012年第6期；金兰荪：《罗马法》（上册），黎明书局1936年版，第51页。

造了“第二个自然”。① 西塞罗对人与自然关系的认识，一方面反映了起源于亚里士多德的人类中心主义观念的影响，从中我们可以看到人对自然的控制；另一方面也可以从中捕捉到罗马宗教的气息。②

然而，远古时期的罗马人出于宗教性的顾忌而表现出的对随意干预自然的敬畏，随着奎里蒂法所有权的逐渐出现，尤其是随着土地所有权的发展，朝着更加明显的个人主义方向发展，③对环境要素的法律保护从宗教走向世俗。

二、个人主义视野下的环境理念

在整个奎里蒂法时期（公元前 753 年罗马建城至第二次布匿战争结束）④及至共和末期，罗马人和罗马

---

① 参见［古罗马］西塞罗：《论神性》，石敏敏译，上海三联书店 2007 年版，第 105 页。

② Cfr. Lucia Monaco, *Sensibilità Ambientali nel Diritto Romano, tra Prerogative dei Singoli e Bisogni della Collettività*, in *Teoria e Storia del Diritto Privato*, 2012 (5), p. 9.

③ 但是即便如此，也必须澄清：人们普遍认为的古罗马的所有权是不受限制的绝对权，是极端个人主义的表达。但实际上并非如此，意大利法学家德·马尔蒂诺对罗马法的极端个人主义观念进行过极具说服力的证伪。参见［意］弗朗切斯科·德·马尔蒂诺：《个人主义与罗马私法》，薛军译，载徐国栋主编：《罗马法与现代民法》（第 4 卷），中国人民大学出版社 2004 年版，第 2～73 页。

④ 参见［意］彼德罗·彭梵得：《罗马法教科书》，黄风译，中国政法大学出版社 2005 年版，第 5 页。徐国栋教授对奎里蒂法的理解与此略有差异，他将奎里蒂法时期界定为从罗马建城至标志着市民法产生的《十二表法》的颁布。参见徐国栋：《奎里蒂法研究》，载易继明主编：《私法》（第 4 辑第 1 卷），北京大学出版社 2004 年版，第 21 页。

法为一种具有个人主义倾向的意识所笼罩,人们以“根据奎里蒂法,这个东西是我的”来表达一种主体对物的所有关系,真正的个人所有权在社会层面和法律层面在这一时期诞生了。然而需要明确的是,在奎里蒂法之下呈现的是一个以农业为主的简单狭窄的社会形态,在这样一种以城邦为基础且人口有限的农业经济社会中,人与自然的紧张关系尚没有展现出来。

事情的转机出现在公元前 3 世纪。众所周知,第二次布匿战争使罗马人的视野从亚平宁伸向整个地中海,从公元前 3 世纪下半叶开始,作为长期对外征服的结果,罗马城呈现出新的城市特征:拥挤的人群、狭窄的道路、林立的多层建筑。高速的城市化进程及其伴随的人口剧增、商业活动、工业活动和各种生产活动的迅速发展,不可避免地带来污染问题和生态平衡的破坏:过去长满灌木的土地被改造以适于耕种;个人将公地据为己有以及农业的逐渐扩张改变了耕地上的树木和草地,而这种改变所使用的方法主要是具有破坏性的燃烧;高污染的生产活动的散发物、没有被适当引导的排放物、运转不良的下水道系统等使城市臭气熏天;①装备航行船队的需要使森林砍伐现象激增;面对

① 在《控维勒斯》2,5,7 中,西塞罗描述了公元前 73 年至公元前 71 年曾担任西西里行省总督的维勒斯经常在旅行时戴两个花冠,鼻子前还放着一个装满玫瑰花瓣的亚麻香包。维勒斯这么做的目的在于抵御空气中的恶臭气味。参见[意]约勒·法略莉:《古罗马的环境保护》,李飞译,载《厦门大学学报》(哲学社会科学版)2012 年第 4 期。

森林、土地、空气和水[1]的污染，人们不得不去思考如何合理使用资源和有序引导废弃物的排放问题。

但是这些问题很难处理，因为不存在一种所谓的卫生法或健康法或环境法的规范来确定排放物与其他物质的界限以及排放物的种类和数量，只能在私法层面和相邻关系的范围内寻求保护单个所有权人的工具。但是这又遇到一个难以逾越的障碍，因为当时通行的法律原则是：如果一个人是在行使自己的权利的话，他不能被认为应对给他人造成的损害负责。[2] 因此，问题是如何协调“所有权人的行为自由”和“邻人不受侵扰地充分享有自己的权利的自由”，而这对矛盾直到古典时期才为法学家们所化解。[3]

但是在共和时期出现的趋势是，避免使某些具有一般利益的物被个人排他性地据为己有，在对它们的保护中，执法官和市民都发挥了积极作用。其保护方式与罗马人对其归属的建构密切相关，它们被纳入“公共物”（*res publicae*）的范畴。[4] 属于该范畴的“公

① 老普林尼在《自然史》31，21，34 中劝阻饮用蓄水池中的水，因其太硬且不净，对肚腹和喉咙十分有害。

② D. 50，17，151. 保罗：《告示评注》第 64 卷：除非一个人做了他无权去做之事，否则不能被认为实施了损害。

③ Cfr. Lucia Monaco, *Sensibilità Ambientali nel Diritto Romano, tra Prerogative dei Singoli e Bisogni della Collettività*, in *Teoria e Storia del Diritto Privato*, 2012 (5), pp. 36-37.

④ 在此我们撇开“一切人共有的物”（*res communes omnium*）与“公共物”（*res publicae*）之间的复杂关系不谈，因为就我们所讨论的问题而言，这二者之间是相似的。

共物"或"公共使用之物"(*res in usu publico*)包括公共场所、公共道路、公共河流和公共下水道等,罗马人建构的与之相应的法律保护工具主要是民众令状,它在与环境保护直接相关的此等公共物的保护中发挥了至关重要的作用。

总之,在共和时期的最后阶段,环境保护的法律工具开始登上历史舞台,但这些工具并非专职甚至主要不是服务于环境保护的,在其中,公共财产和公共利益的概念还只处在萌芽阶段,对集体利益之物的保护被委诸集体中的每个成员,他们参与公共物的保护时并非作为集体的代表而是作为特定物的使用者。换句话说,对具有环境利益的公共物的保护被委诸作为直接享益者的每个人,他们由于从中获取各种直接的个人利益,从而可以作为适格的主体使用各种程序工具来保护该利益。然而这并不是说,对环境要素的保护回应的是一种纯个人主义的逻辑,相反,包含环境利益的公共物的保护实际上被纳入广泛的社会共同生活的规则体系之中,这些规则意味着邻人间的连带关系以及对自己的法律领域课加一些限制,从而允许每个人都能从这些公共物中直接获取一定利益。①

---

① Cfr. Francesco Fasolino, *Prime Considerazioni in tema di Tutela della Salubritas fra* Ⅲ *e* Ⅰ *Sec. A. C.*, in *Teoria e Storia del Diritto Privato*, 2010 (3), p. 4.

三、集体利益视野下的环境理念

在后文我们将看到，在公元前 5 世纪至公元前 1 世纪之间的罗马，对环境要素的保护主要委诸裁判官的令状和法学家的扩张解释，但无论如何，其主要目的是保护个人的利益。① 然而到了帝政时期，罗马所面临的情势更为严峻，典型的表现为人口的进一步增加。共和末期，罗马城的人口在 70 万~90 万之间浮动，而在帝政时期，人数则达到 150 万。② 如此高的人口密度使各种环境问题接踵而至。帝国权力机关终于坐不住了，主要委诸民众的自发性的保护环境的共和模式发生改变，行政机关开始了更为积极的干预。

对包含环境利益的公共物的保护，其发起者由民众变为由元首或帝国管理机构的特定人员主导，对各种公共物负有特定职责的"保佐人"渐次出现。这种保佐人是为了更好地管理和保护某些物而特别设立的帝国的官职，可以追溯到奥古斯都（Gaius Octavius

---

① Cfr. Laura Solidoro Maruotti, *La Tutela dell'ambiente nella sua Evoluzione Storica*: *L'esperienza del Mondo Antico*, p. 61.

② Cfr. Lucia Monaco, *Sensibilità Ambientali nel Diritto Romano*, *tra Prerogative dei Singoli e Bisogni della Collettività*, in *Teoria e Storia del Diritto Privato*, 2012 (5), p. 4.

Augustus)时期的“水保佐人”制度,①这些“保佐人”从元首制时期起,对市民共同体来说就非常重要,比如,水的定期供应、下水道以及河岸的定期维护和清理、河流特别是台伯河的维护等。同时,为了将更多的具有集体利益之物纳入权力干预的范畴,还出现一种扩大公共物范围的趋势,比如,马尔西安在其《法学阶梯》中肯认了绝大部分水的公有性质。②

各种城市执法官(监察官、市政官、营造官等)也渐次登场,以更加积极的监督者的角色投入到对集体利益之物的保护之中。③

当然,自法学家这样一个阶层出现以后,他们的作用在罗马法发展的任何时期都不可忽视。一种显著的保护环境健康的趋势,以及为了公共利益而对环境健

---

① 公元11年发布的《关于水道的元老院决议》(*Senatusconsultum de aquaeductibus*)对水保佐人的人员配备和设备配备有明确规定:当他们在城外履职时,给他们配备2个侍从官、3个公共奴隶、1个建筑师,另外配备相当数量的文员、抄写员、助理、信使等;这些人可以领到工资;水保佐人可以领到书板、纸张等办公用品。该项元老院决议作为奥古斯都重整罗马的水道体制的重要法律依据,对和水道有关的事项作出了系统规定,具体内容可以参见齐云、徐国栋:《罗马的法律和元老院决议大全》,载徐国栋主编:《罗马法与现代民法》(第8卷),厦门大学出版社2014年版,第239~240页。

② D.1,8,4,1. 马尔西安:《法学阶梯》第3卷:而几乎所有的河流和港口都是公有的。本书所引优士丁尼《学说汇纂》第1卷的片段,其中译文皆参考了如下译本,下文不再逐一标注:[古罗马]优士丁尼:《学说汇纂》(第1卷:正义与法·人的身份与物的划分·执法官),罗智敏译,[意]纪蔚民校,中国政法大学出版社2008年版。

③ Cfr. Laura Solidoro Maruotti, *La Tutela dell'ambiente nella sua Evoluzione Storica: L'esperienza del Mondo Antico*, p. 73.

康予以保护的观念,在塞维鲁时期(公元2—3世纪)的法学家中日益凸显。① 但是前文提到,在共和时期所通行的原则是,如果一个人是在行使自己的权利的话,即便其行为有可能造成环境要素的损害,也不应对损害负责。问题是如何协调"所有权人的行为自由"和"邻人不受侵扰地充分享有自己的权利的自由"。这对矛盾最终为古典时期的法学家们所化解,其使用的协调工具是"地役权"。通过决疑法,古典法学家最终引入了一项关于污染物排放的规则:禁止将某些可能对他人造成干扰的物质(无论是固体、液体或气体)从自己的土地上排入他人的法域,除非存在一项地役权,然而与正常使用有关的可容忍的排放应当被允许(D.8,5,8,5)。这一解释性的准则在此后的罗马法中一直得到维持。

第三节　罗马人的环保设施

由于罗马人并没有明确的环保主义的理念,因此也不可能专门就环境要素的保护而建设专门的设施,但在古罗马的不同历史时期,的确存在诸多在客观上保障了罗马人环境卫生的设施系统,比如,建立了完善的供水管道和发达的排污系统,修建了众多的公共浴

① Cfr. Francesco Fasolino, *Prime Considerazioni in tema di Tutela della Salubritas fra* Ⅲ *e* Ⅰ *Sec. A. C.*, in Teoria e Storia del Diritto Privato, 2010(3), p. 3.

场和公共厕所等，这些措施中的某些，它们更多地属于公共卫生设施的范畴，下文所要考察的与罗马人对环境要素的保护更加密切的环保设施主要包括其排污系统、公共厕所和工业区域的设置。

一、发达的排污系统

在罗马法原始文献中，唯一明确提到"环境健康"(*salubritas*)保护的是乌尔比安的一个片段，涉及裁判官为确保下水道的维护、清理以及必要情况下的修缮而给予的保护。

D. 43,23,1,2. 乌尔比安：《告示评注》第 71 卷：通过这些令状，裁判官关照到下水道的清理和修缮。此二者关涉到城市的环境健康(*salubritas*)与维系，因为下水道中充斥秽物，如果不(清理和)修缮，则意味着肮脏的空气和(建筑物的)毁损。[1]

这个片段非常重要，因为对公共环境的担忧以及因此对下水道污物的排除和清理，在古罗马自王政时期以来就非常流行。提图斯·李维在其《罗马史》1,56,2 中证实，自第七任王高傲者塔克文时罗马就建立了复杂的城市下水道系统，城市的所有污水最终都通过公共下水道导向"大下水道"(*Cloca Massima*)中，

---

① 本书所引优士丁尼《学说汇纂》中的片段，除特别说明者外，皆系本人根据如下版本译出：*The Digest of Justinian*, Latin text edited by Theodor Mommsen with the aid of Paul Krueger, English translation edited by Alan Watson, University of Pennsylvania Press, 1985.

最后被排入台伯河。“大下水道”是罗马最古老的建筑物之一,其工程十分浩大,根据古希腊地理学家和历史学家斯特拉博(Strabo,公元前64/63—公元前23年)在其《地理学》5,3,8中的记载,满载稻草的四轮马车甚至都可以从中通行。① 老普林尼在《自然史》36,24,104中提到,公元前33年,时任营造官的阿格里帕(Marcus Vipsanius Agrippa)乘船游历了大下水道的全程。此言不虚,据考证,该下水道最初的宽度就超过16英尺,此后还被不断扩建,并从该下水道延伸出7个流经城市街道的分支。② 当然,“大下水道”并非古罗马唯一的公共下水道,只是其中最为庞大者,除此之外,还有诸如皇帝下水道、埃乌里普斯下水道、共和下水道、战神广场下水道、牛市下水道和大竞技场下水道等公共下水道。③

此外,我们知道,罗马人是多神崇拜的,他们相信自然界的各种事物都是由诸神统治的,每一位神掌管着尘世的一个或几个领域。罗马人专门为公共下水道设置一位掌管女神——克罗阿西娜(Cloacina)从一个侧面反映了公共下水道在罗马人心中的重要性。

除了公共下水道,还有与之相连的私人下水道。

---

① 参见[古希腊]斯特拉博:《地理学》(上),李铁匠译,上海三联书店2014年版,第328页。

② 参见[美]朱莉·霍兰:《厕神:厕所的文明史》,许世鹏译,上海人民出版社2006年版,第10页。

③ 参见徐国栋:《罗马公共卫生法初探》,载《清华法学》2014年第1期。

私人下水道是私人所修建、供其自家排放污水使用的下水管道,这种管道最终将污水导入公共下水道。法学家拉贝奥(Marcus Antistius Labeo)认为:“想要将其私人下水道导入公共下水道之人,必须保护他不受暴力侵犯”;彭波尼(Sextus Pomponius)则写道:“如果某人想要建造一个在公共下水道中拥有出口的私人下水道,不应阻止他”(D. 43,23,1,9)。

对于公共下水道的维护,从共和时期以来直到图拉真皇帝都是由监察官负责的。元首制时期,考虑到台伯河的经常泛滥,奥古斯都[1]或提贝流斯(Tiberius Lulius Caesar)[2]设立了专门的维护台伯河的官职“台伯河河床保佐人”(*curatores alvei Tiberi*),后来,图拉真皇帝将其职责范围扩大到城市下水道的管理和维护,其名称也相应地变为“台伯河河床和河岸暨罗马城下水道保佐人(*curatores alvei et riparum Tiberis et cloacarum urbis*)。[3] 实际的下水道清污工作,则是由国家的公共奴隶或罪犯来实施的,有时这项工作也会被承包出去。[4]

---

① 参见[古罗马]苏维托尼乌斯:《罗马十二帝王传》,张竹明等译,商务印书馆1995年版,第70页。

② 参见[古罗马]塔西佗:《编年史》(上册),王以铸、崔妙因译,商务印书馆1981年版,第64页。

③ Marta Natalia López Gálvez, *Actividades Perjudiciales para la Salubrida del Aire de los Espacios Públicos en el Derecho Romano*, in *Index*, 2006(34), p. 411.

④ See O. F. Robinson, *Ancient Rome: City Planning and Administration*, London and New York: Routledge, 2005, p. 102.

二、众多的公共厕所

前文提到私人下水道，实际上，要想将自家的私人下水道与公共下水道相连，必须提出申请而且还要支付一笔不菲的费用，因此只有少数特权家庭可以享受到这一福利。担负不起费用而无法同公共下水道建立连接的罗马家庭，其家庭环境卫生则要依赖公厕。

在此需要提请注意的是，罗马人很少建造私人厕所，根据对古罗马人所留下遗迹的考古发掘，在乡村偶尔会发现家庭自用的厕所，在城市建筑中，除了个别富人的庭院（*domus*）中有厕所外，很少存在私人厕所。或许这与西塞罗所传达的罗马人对人体器官所发出的异味的排斥有关："在建造房子时，建筑师总是想方设法挡住住在里面的人的视线，消除他们发出的气味，因为他们发出的气味不可避免地会有冒犯。"①

公厕在罗马人生活中所发挥的功能与公共浴场有相似之处，它们都同时还是一种社交场所，人们在排解废物的同时还在装修奢华舒适的公厕里闲话家常、筹划聚会、洽谈生意、议论政治等。截至公元 315 年，罗马城的公厕已超过 140 个。②

罗马的公厕多与公共浴场相连或建于公共浴场附

---

① ［古罗马］西塞罗：《论神性》，石敏敏译，上海三联书店 2007 年版，第 102 页。

② 参见［美］朱莉·霍兰：《厕神：厕所的文明史》，许世鹏译，上海人民出版社 2006 年版，第 12 页。

近,从而可以便利地与浴场共享输水和排水管道。使用公厕很可能是免费的,而如果公厕与浴场相连,那么如厕费用或许已包含在洗浴费用之中。① 对于公厕的管理,通常是将之承包给洗染店主(D. 22,1,17,5),因为尿液所具有的有效去除油脂的功能使它成为一种廉价的洗染材料。除公共浴场附近,在一些大型建筑上也有公共厕所的身影。在罗马人征服不列颠后所修建的哈德良长城上,全程也都设有公厕。②

夜壶和粪坑也与公共厕所一道发挥了避免人体排泄物污染环境的功能。夜壶是普通家庭首选的卫生设备,使用之后,将排泄物倒入公共粪坑中。罗马街道和公路的两侧也都放置有被称作加斯塔(*gastra*)的瓶子,供路人小便之用。入夜后,会有专人来清理粪坑和加斯塔,清理的排泄物用四轮马车运出罗马城。③

三、专门的工业区域

共和中期以后,随着罗马的扩张以及带来的生产和贸易的繁荣,各种工业得到空前发展,环境健康特别是水的健康面临来自冶金、陶瓷加工和洗染业等行业的威胁,它们需要耗费大量的木材作为燃料,并排放大

---

① See O. F. Robinson, *Ancient Rome: City Planning and Administration*, London and New York: Routledge, 2005, p. 104.

② 参见[美]朱莉·霍兰:《厕神:厕所的文明史》,许世鹏译,上海人民出版社2006年版,第16页。

③ 参见[美]朱莉·霍兰:《厕神:厕所的文明史》,许世鹏译,上海人民出版社2006年版,第11~12页。

量的污水。尤其是洗染业，它们要对新旧衣物进行抛光、洗涤、染色，还要对剪下的羊毛和粗布进行加工、染色和脱脂等，而当时所使用的加工技术，要对织料、衣物和羊毛用漂染剂进行印染，用混合了硝酸钾和人或动物的尿液①的水进行洗涤，最后还要进行硫化，即将衣物置于燃烧的硫磺所散发的烟雾中。② 所有这些工序都需要大量的水。这就是为什么洗染店总是位于水流附近，这通常导致水流被污染。设立洗染店所带来的环境损害要归因于两点：其一，洗染店导致相邻土地之间的水流的改变；其二，洗染店的工作给环境健康以及人的健康带来危害，特别是由于没有建造相应的排水系统，因而无法有效地排出工作用水。这不是一个小问题：从洗染店的各种设备中流出的污水不仅会污染水源，而且会对在当时主要被用于放牧和耕种的土地造成损害。

为遏制此等工业对环境要素因此对影响罗马人生存的土地、空气和水等造成的损害，罗马的统治者提出一项举措，即将污染企业迁移到人口较少的城市郊区。古罗马诗人马提亚利斯（Marcus Valerius Martialis，约40—约104年）在其《隽语》（*Epigrammton Libri*）6，93

---

① 尿液所具有的除污和净化能力使其成为洗衣店的首选，特别是用于去除羊毛的油脂。

② Cfr. Laura Solidoro Maruotti, *La Tutela dell'ambiente nella sua Evoluzione Storica: L'esperienza del Mondo Antico*, Torino: G. Giappichelli Editore, 2009, p. 60.

中提到一项规定，要求所有的重污染企业，包括制革厂和洗衣店等，都转移到台伯河之外一个叫“工业郊区”(*periferia industiale*)的地方。[①] 这种举措为此后的罗马统治者所沿用。在罗马工业最为繁荣的亚历山大·塞维鲁皇帝时期(Alexander Severus，222—235 年)，对环境污染较为严重的制革企业、洗染企业、制鞋企业等被限制在特定的区域内从事生产活动，并被征收一种特别税。[②] 根据《狄奥多西法典》的记载，公元 419 年，和诺留和狄奥多西(Honorius et Theodosius)皇帝发布的一项敕答规定，禁止在海滨和房屋附近开设石灰厂。[③] 在国家的强制干预下，这些重污染活动在罗马城逐渐消失，到优士丁尼法律时期，只剩下一些对洗染业活动的污水排放进行调整的规则。

第四节 罗马人的环保法制

前文已述，对环保要素的保护真正进入罗马人的视野是在公元前 3 世纪以后的事情。罗马人对环境保护的法律干预措施首先是通过立法的方式，其次是依

---

① Cr. Laura Solidoro Maruotti, *La Tutela dell'ambiente nella sua Evoluzione Storica*: *L'esperienza del Mondo Antico*, Torino: G. Giappichelli Editore, 2009, p. 61.

② Marta Natalia López Gálvez, *Actividades Perjudiciales para la Salubrida del Aire de los Espacios Públicos en el Derecho Romano*, in *Index*, 2006 (34), p. 403-404.

③ CTh. 14, 6, 5.

据物的归属关系建构保护方式，此外其他一些并非旨在保护环境的法律制度也被扩张适用于此等目的。

一、环保立法

首先说第一种方式。这种通过立法方式的直接干预比较罕见，其法律效果也不理想。在罗马各个时期所颁布的至少 260 项法律中，①涉及环境要素之保护的法律有如下三项：

其一，《关于洗染店的梅特流斯法》（*Lex Metilia fullonibus dicta*）。该法颁布于公元前 220 至公元前 217 年，由弗拉米纽斯（C. Flaminius）和埃米流斯（L. Aemilius）在担任监察官时提议制定，由平民大会通过。该法禁止洗衣店和印染店把从他们作坊产生的污水排到公共的地方和田野，以罚金制裁违反者。但该规定没有被遵守。在法律层面，污水排放被认为直接侵害的是土地所有人或占有人的利益，而不是环境。在当时，与私人利益的侵害有关的能够保护环境的唯一工具是只有直接利害关系人可以提起的私诉。②

其二，《关于维帕斯卡矿山的法律》（*Lex metalli Vipascensis*）。该法制定于约公元 100 年，是关于西班

① 具体名单参见齐云、徐国栋：《罗马的法律和元老院决议大全》，载徐国栋主编：《罗马法与现代民法》（第 8 卷），厦门大学出版社 2014 年版，第 173～235 页。

② Cr. Laura Solidoro Maruotti, *La Tutela dell'ambiente nella sua Evoluzione Storica: L'esperienza del Mondo Antico*, Torino: G. Giappichelli Editore, 2009, p. 61.

牙维帕斯卡(*Vipasca*)矿山管理的法律,它把矿区分为村落、矿和涉矿区,赋予它们不同的功能,从而具有一定的城市规划的作用。该法还规定了帝国的矿山管理人向私人承包者出租矿山的规则。[①] 该法律的文本没有完整保留下来,其更加详细的内容我们不得而知,但是作为罗马人保留下来的唯一涉矿法律,我们可以合理地推测其矿区规划及开采管理的有关规定在间接上有利于矿山的合理开发以及对采矿过程中的污染调控。

其三,《关于水道的昆克求斯法》(*Lex Quinctia de aquaeductibus*)。该法颁布于奥古斯都时期的公元前 9 年,由执政官苏尔皮恰努斯(T. Quinctius Crispinus Sulpicianus)提起,其文本被弗朗蒂努斯(Sextus Julius Frontinus,涅尔瓦元首时期的水保佐人)在其写于公元 98 年前后的《罗马水道考》(*De Aquis Urbis Romae*)第二卷第 129 节完全记录下来:

以恶意诈欺自己或让人刺穿、弄破或损害把公水运进罗马城的已启用的或将启用的水道、拱门、管道、支管、水槽或积水池,让此等公水不能到达罗马或不能被正常分派的人,要被判处向罗马人民支付 10 万塞斯特斯的罚金。对于非故意做如上之事者,要修理、重建、更换其损害之物并拆除其非法添加之物,直到达到

① 参见齐云、徐国栋:《罗马的法律和元老院决议大全》,载徐国栋主编:《罗马法与现代民法》(第 8 卷),厦门大学出版社 2014 年版,第 214 页。

水保佐人的要求；如果水保佐人不在，要达到外事裁判官的要求。这两种官员都有权罚款并征收抵押物；如果奴隶做了如上之事，其主人要被判处 10 万塞斯特斯的罚金。

在上述运送公水的设备附近的区域，禁止进行建造、圈围、耕种等活动，也不得把任何物带进此等区域，本法允许或要求的用来制造或更换上述运水设施的物除外。对于违反这一禁令者，比照上列关于破坏运水设施者的实体和程序规则处理。

不得在上述运送公水的设备附近的区域放牧、割草或刈除灌木。水保佐人也不得在此等区域安排植树、种葡萄、种荆棘、种灌木、筑堤、圈篱笆等。①

根据该法规定，恶意诈欺地损害导向罗马城的公水和公共水道者，除了承受金钱惩罚外，还负有恢复原状的义务。同时，在这部法律中，我们追溯到了现代"可持续发展"理念所蕴含的一个关键原则的历史根基：污染者付费。② 其目的不仅是分配环境损害，而且通过引入威慑性的措施预防对环境的侵害。

但是对于这样一部法律，在优士丁尼《市民法大全》及其他法律文献中都没有被提及，这从侧面说明

① 该法律中译文参见齐云、徐国栋：《罗马的法律和元老院决议大全》，载徐国栋主编：《罗马法与现代民法》（第 8 卷），厦门大学出版社 2014 年版，第 224～225 页。

② Cfr. Laura Solidoro Maruotti, *La Tutela dell'ambiente nella sua Evoluzione Storica: L'esperienza del Mondo Antico*, Torino: G. Giappichelli Editore, 2009, p. 67.

了其在实践层面可能并没有发挥预期作用。

二、民众令状

其次,依据物的归属关系建构保护方式。与环境要素有关的物被纳入“公共物”的范畴,对于它们,所有人都有实体法上的使用权,并且所有人都有保护实体权利的诉讼法上的权利。这种保护主要是通过民众令状来实现的。

关于令状,这是一种临时性的司法处置,是执法官在紧急情况下根据一方当事人的请求而发布的命令,是一种具有即时效力的工具。民众令状则是那些适用于公共物的令状,是为保障民众对它们的集体使用或社会使用。它们被认为是“民众性的”(*popularis*),在于其开放给每个市民,即民众中的每个人。这种法律工具保护的是作为罗马民众的一分子的所有市民的权利:这种权利属于作为民众一员的每个市民,而不是属于作为团体的抽象性的民众。因为“公共物即人民之物”,这里的“人民”是市民的复数,是“所有的市民”的意思,而不是指抽象的人格或实体。这种保护制度的理念是,如果权利是共有的,控诉的权力也应共有。[①] 此外,公共利益使得此等救济必然是不受时效限制的

① Cfr. Lucia Monaco, *Sensibilità Ambientali nel Diritto Romano, tra Prerogative dei Singoli e Bisogni della Collettività*, in *Teoria e Storia del Diritto Privato*, 2012 (5), p. 17.

或永久性的。[①]

虽然令状是一种司法举措，但通过民众令状对公共物的保护并非裁判官的专利，以拉贝奥为典型的某些法学家也参与互动，尝试将某些令状用于环境要素的保护。从公元前3世纪开始，一些为保护环境要素的裁判官令状应运而生，其他一些最初并非旨在保护环境健康的令状，后来也扩张被用来解决与此有关的问题。此等令状有如下列：

1. "关于公共场所的令状"（*interdictum de locis publicis*）。这是一项禁止性令状，其在原始文献中的通常表达是"不得在公共场所做某事"。这里讲的公共场所，按照拉贝奥的界定，包括广场、神殿、土地和公共道路（D. 43,8,2,3）。该令状的目的是通过预防性的干预，禁止在公共场所从事某些活动，旨在保护每个公共场所免受可能存在的未经授权的活动对他人或公共场所造成损害的干扰或排放。[②] 涅尔瓦皇帝将之扩大适用于公共场所或公共道路上的空气被污染的情形（D. 43,8,2,29）。

2. "关于公共道路的令状"（*interdictum de itineri-*

---

① D. 43,8,2,34. 乌尔比安：《告示评注》第68卷：这种令状是永久性的和民众性的……D. 43,11,1,3。乌尔比安：《告示评注》第68卷：这种令状是永久性的，授予所有的人，针对所有的人……

② D. 43,8,2pr. 乌尔比安：《告示评注》第68卷：裁判官说：不得在公共场所做任何事或向其中排放任何物，如果将因此对公共场所造成损害的话；除非得到某项法律、元老院决议、告示或元首的裁决的允许。对于已经实施的事项，我将不授予令状。

bus publicis)。[①] 这也是一项禁止性令状,通过禁止在公共道路上从事某些行为,从而保证公共道路的良好使用。拉贝奥认为,该令状也适用于那些通过向公共道路上排放某物而减少或妨碍公共道路的使用之人(D. 43,8,2,26);后来阿里斯托将该救济也适用于最初被排除在令状保护之外的大海及海岸(D. 43,8,2,8)。

3. "关于公共河流的令状"(*interdictum de fluminibus publicis*)。该令状首先包括一项禁止性的命令,其全称是"不得在公共河流中或其河岸上做任何事从而使河水的流动方式不同于去年夏天",以对抗向公共河流中或在河岸上排放有害物质或实施可能损害河流的适航性或可能改变其自然流向或河床的工程。该令状最初只适用于公共河流而不适用于私有河流(D. 43,12,1,4),后来拉贝奥将其适用范围扩张到改变河流的任何情形,无论是公共河流还是私有河流,也无论其是否适航(D. 43,12,1,17-18)。于此相应的恢复原状性令状旨在移除已经实施的给他人造成损害的工程或排放。[②]

4. "关于公共下水道的令状"(*interdictum de cloa-*

---

① 该令状原本是与"关于公共场所的令状"合并在一起的,统称"关于公共场所或道路的令状"(D. 43,8),后来获得独立。

② D. 43,13,1,11. 乌尔比安:《告示评注》第68卷:裁判官接着说道:"如果你将建造或放置在公共河流中或其河岸上的任何物进行占有,因此使河水的流动不同于去年夏季所流,你要将一切恢复到其原先的状态。"

cis publicis）。对于环境健康来说，该令状最为重要，旨在保障下水道的清理和修缮。如乌尔比安所说，下水道的恶化所带来的污染威胁着环境健康（D. 43,23,1,2）。实际上，如前文所述，在我们可以找到的罗马法原始文献中，唯一明确提到“环境健康”（*salubritas*）保护的一个片段就隐藏在该令状中，而且在所有的民众令状中只有该令状是为保护环境健康而创设的，而在污染的情形所适用的关于公共场所的令状、关于公共道路的令状和关于公共河流的令状等，最初都旨在保护公共物本身，只是在后来，特别是在拉贝奥和涅尔瓦（父亲）①之后，才被用于保护环境健康——既考虑到市民个人和所有权人的利益，也认真考虑了公共利益（*publica utilitas*）。

“关于下水道的令状”也包括两项不同性质的命令，一者为禁止性的，“禁止对公共下水道做任何事或向其中投入任何物”；另一者为恢复原状性的，“如果你对公共下水道做某事或向其中投入某物，从而恶化或可能恶化其使用，你应当使之恢复原状”（D. 43,23,1,1；D. 43,23,1,15）。

---

① 罗马史上名为“涅尔瓦”（Nerva）者众多，在罗马法原始文献中经常出现的主要是属于同一家族的如下四人：（1）曾担任公元前 36 年的执政官的涅尔瓦（Marcus Cocceius Nerva）；（2）前者之子，与其同名的提贝流斯时期的法学家涅尔瓦，俗称“涅尔瓦（父亲）”或“老涅尔瓦”（Nerva pater）；（3）“老涅尔瓦之子”，与其同名且同为法学家的涅尔瓦，俗称“涅尔瓦（儿子）”或“小涅尔瓦”（Nerva filius）；（4）“老涅尔瓦”之孙，著名的涅尔瓦皇帝。

与该令状相伴的另一项重要规则是，对于清理、修缮或重建排水渠或下水道之人，不能够使用“新施工告令”（*nuntiatio novi operis*）。该告令本来是被用来阻止实施可能损害他人权利的活动，但对于清理、修缮或重建排水渠或下水道之人，不能够使用新施工告令，如果发布了新施工告令，下水道的修缮者可以无视之，从而继续完成对下水道的清理或修缮。① 显然，这是因为此等活动被认为是保护公共健康和安全所必需的。②

5. 出于健康保护的需要，裁判官还在公元前 2 世纪末期至公元前 1 世纪中叶引入了“关于水渠和水源的令状”（*interdictum de rivis et de fonte*），旨在保护针对水的管道设施和水源的清理和修缮活动。实际上这是两项令状，“关于水渠的令状”尤其针对的是水渠、地下管道和水闸的清洁，裁判官以此惩处阻止清洁它们的任何人。③ “关于水源的令状”（*interdictum de fonte*）

① D. 43,23,1,13. 乌尔比安：《告示评注》第 71 卷：如果某人在我清理或修缮下水道时向我发布新施工告令，这么说是最合适的：我可以无视该告令，并继续进行我已经开始的修缮。

② D. 39,1,5,11. 乌尔比安：《告示评注》第 52 卷：如果某人想要清理或修缮属于他的水渠或下水道，合适的做法是，不能向他发布新施工告令，因为清理水渠和下水道是公共健康（*salus*）与安全的利益之所在。

③ D. 43,21,1,pr. 乌尔比安：《告示评注》第 70 卷：裁判官说：“如果某人以与去年夏季相同的方式引水，且无暴力、无隐匿、无临时受让，我禁止使用暴力阻止他为了引水之目的而对水渠（*rivos*）、地下管道（*specus*）或水闸（*septa*）进行清理或修缮。”

的客体是对水源的净化，[①]此外它还适用于蓄水池、水井和水塘的情形（D. 43,22,1,10）。

6. “关于日常之水和夏季之水的令状”（*interdictum de aqua cottidiana et aestiva*）。该令状原本针对的是认为有权阻止你将水引入水道之人，[②]但拉贝奥认为，此等令状可以用来阻止可能导致水质受损的任何种类的活动，以对抗任何类型的污染，令状规定：“通过这种令状，如果去年无过错地从你的土地上引水的某人在该土地上建筑、挖掘、播种、砍伐或修剪，而如此作为将污染、损害、破坏水质或使水质恶化，此等行为被禁止。拉贝奥说，同样的令状也授予夏季之水”（D. 43,20,1,27）。

7. “制止暴力或欺瞒令状”（*interdictum quod vi aut clam*）。该令状最初只适用于土地，旨在保护土地的所有人，针对的是在他人土地上隐秘地或违反土地所有人意愿实施了某项行为之人，是一种恢复原状性的令状。据此，如果某人未经所有权人授权（欺瞒）或尽管

---

① D. 43,22,1,6. 乌尔比安：《告示评注》第 70 卷：裁判官又说：“如果你以与去年相同的方式使用系争的水源，且无暴力、无隐匿、无临时受让，我禁止使用暴力阻止你为保用水源而对其进行的清理或修缮。”

② D. 43,20,1pr. 乌尔比安：《告示评注》第 70 卷：裁判官说：“如果你去年曾从该水渠中引水，且无暴力、无隐匿、无临时受让，我禁止使用暴力阻止你以与去年相同的方式引水。” D. 43,20,1,29。乌尔比安：《告示评注》第 70 卷：然后裁判官说：“如果你去年夏天曾从该水渠中引水，且无暴力、无隐匿、无临时受让，我禁止使用暴力阻止你以与去年相同的方式引水……”

所有权人禁止仍然(暴力)在他人土地上施工,那么可以命令此人将因此等施工而被改变的场所恢复原状。该令状成为裁判官手中的一把万能钥匙,基于一方当事人的请求,针对在他人土地上实施的各种欺瞒或暴力行为,裁判官授予此等程序性的救济。拉贝奥建议将其适用于私人水井中的水被污染的情形,污染活动被视为一项暴力或欺瞒实施的活动,水池中的水被视为土地的一部分,因此污染者被课加恢复原状和进行改良的义务(D. 43,24,11pr.)。[①] 这一点非常重要,因为它不是在金钱惩罚或损害赔偿层面,而是在清除污染源层面解决问题的。

三、诉讼制度

与环境健康保护有关的诉讼主要是排放雨水之诉和一般性的否认之诉。

排放雨水之诉(*actio aquae pluviae arcendae*)是一项适用于相邻关系中,土地所有人因邻人改变雨水的自然流向而提起的诉讼。该诉讼对于回应洗衣业、纺织业和印染业所产生污水问题至关重要。本来提起排放雨水之诉的一个要件是,所排之水要与雨水有关,但很快,这一要件被弱化,排放雨水之诉扩展适用于雨水

---

① 这种观点此后为乌尔比安所追随。D. 43,24,11pr. 乌尔比安:《告示评注》第71卷:拉贝奥说,任何人向邻人的水井中倾倒某物,从而破坏了水质的,应根据制止暴力或欺瞒令状承担责任:因为活水被视为土地的一部分,他这么做就像是在水中实施了某项建造活动。

与其他水混合的情形。但在多数法学家看来，即使是“混合”之水，也必须是“雨水”。公元前 1 世纪的法学家特雷巴求斯则尝试将该诉讼扩展到洗染店造成的污染的情形：如果洗染店的污水排放是通过“排入同一渠道”（*conrivare*）进行的，即将污水排入另外一个雨水的渠道或至少是有雨水加入的渠道，从而通过某种活动有意改变了水的自然流动，可以提起排放雨水之诉（D. 39,3,3pr.）。这种尝试包括了随着纺织业的发展而出现的其他类似的工业活动。在这些情形适用排放雨水之诉的益处在于，根据它不仅可以禁止将来的污染活动，而且可以要求损害赔偿和恢复原状。

前文提到，法学家们使用“地役权”成功协调了“所有权人的行为自由”和“邻人不受侵扰地充分享有自己的权利的自由”，引入一项关于污染物排放的规则：禁止将某些可能对他人造成干扰的物质从自己的土地上排入他人的法域，除非存在一项地役权。因此，如果某人在受到排放物干扰之时，“否定之诉”（*actio negatoria*），即确认不存在某项他物权的诉讼，也可以被提起，从而确认不存在排放的地役权。否定之诉是一般性的诉讼，据此，所有权人可以请求确认第三人主张的他物权不存在。为了对抗污染物的排放活动，人们经常诉诸这种保护工具，即要求确认不存在某种由污染物的受害地所承受的排放役权，比如，烟雾的排放和在相邻土地上劳作产生的石头碎片的排放（D. 8,5,8,5）。但对他人土地享有地役权之人反过来可以证明地役权的存在,因此享有排放权。

四、其他制度

此外,还要提到对环境要素的保护起到重要作用的两项裁判官机制:一是潜在损害担保(*cautio damni infecti*),这是一种针对潜在损害的预防性救济,存在于为邻人就潜在的损害提供担保的要式口约中,它也适用于在相邻土地中进行工业活动可能产生污染的情形(Gai. 4,31; D. 39,2,24; D. 39,2,30);二是"保护不动产占有令状"(*interdictum uti possidetis*),是保护不动产占有人排除侵扰和获得补偿的举措,因此,如果从邻人土地上产生的烟雾、水和其他类似排放物超过允许的限度,可通过这种令状对邻人起诉。[①]

五、小结

上述救济措施的共同点在于,它们通过对于环境要素有关的"公共物"的保护,实际上所保护的是对此等公共物享有某种利益的每个市民的个人权利,这是一种广泛性的公共权利,是作为民众一员的个体享有的权利,是由个体享有的而非由作为团体的民众享有的权利(D. 43,1,1pr.)。在对此等物的保护上,民众始终充当主角。

---

① 参见[意]约勒·法略莉:《古罗马的环境保护》,李飞译,载《厦门大学学报》(哲学社会科学版)2012年第4期。

这种通过赋予民众原告资格而将市民视为主角的传统共和模式在帝政时期逐渐改变。虽然在这样一个过程中，裁判官和法学家们始终致力于将令状和诉讼的适用范围扩大到对水和空气等的一般保护，并将其主体资格扩大到每个利害关系人，然而“民众”的地位从主角变为臣民，对此等物之保护的发起者由民众变为由元首或帝国管理机构的特定人员主导。对各种“公共物”享有特定职权的“保佐人”的数量因之激增。此后，根据由皇帝代表的“个人”模式，发展出国家这样一种法人的“个人”，这就和建立在国家所有权之上的现代公共财产的观念联系在了一起，并从中引申出了欧洲第一代法典编纂中所使用的环境财产的概念。[①] 在现代环境财产保护领域，环境公益诉讼制度的复兴则在很大程度上保留了传统罗马法制度的痕迹。

---

① Cfr. Lucia Monaco, *Sensibilità Ambientali nel Diritto Romano, tra Prerogative dei Singoli e Bisogni della Collettività*, in *Teoria e Storia del Diritto Privato*, 2012 (5), p. 25.

第二章　环境要素的罗马法保护：空气与水[*]

罗马人虽然并不具有一般意义上的环境保护意识，但是面对环境要素的破坏所带来的直观感受，某些敏锐者仍然试图从法律上进行适当规制。一方面，裁判官通过各种令状对环境要素可能发生的包括污染在内的损害进行干预；另一方面，法学家们则始终致力于将原本旨在一般性地保护公共物的各种令状的适用范围扩大到对水和空气的保护。通过这种互动，我们从中感知到罗马人自共和中后期所出现的与城市化现象相伴生的某种早期环保意识，由此形成一系列保护空气和水的法律规则体系。此等体系中法学家所扮演的先锋角色、对恢复原状之令状的广泛运用以及寻求公共利益与私人平衡中所体现的罗马艺术尤其值得我们反思和借鉴。

---

* 本章的主体内容发表于陈小君主编：《私法研究》（第22卷），法律出版社2018年版。

对于罗马法中的环境保护问题，通过我们前文的研究可以得出如下基本判断：总体上来看，罗马人尚不具有一般意义上的环境保护意识，其对环境的法律干预只是间接和部分性的，但自共和中后期以来，尤其在古典时期，我们仍然可以发现某种连贯有机的保护“环境健康”的线索。在罗马人对各种环境要素的保护中，所关注的重点是空气与水，因此形成了一系列保护空气和水的法律规则体系。在此等规则体系的建构中，其主角有二——裁判官和法学家，前者以其各种令状，后者以其扩张性的解释活动，初步建构了古罗马的环境法律保护体系。①

第一节　空气的保护

清洁的空气是健康环境的要旨之一。自共和中后期以来，罗马人对空气污染问题的敏感度不断上升，以至维护空气的清洁几乎成了权利人行使权利时的一项内在义务。② 从罗马法原始文献传递给我们的信息来看，罗马人对空气质量的关注体现在三个方面：其一，

① Cfr. Alberto Burdese, *Tutela Privatistica dell'ambiente e Diritto Romano*, in *Rivista di Diritto Civile*, 1989 (35), p. 507.

② D. 7,1,13,6. 乌尔比安：《萨宾评注》第 18 卷：如果用益权人……污染了空气……那么他不能被认为是依据诚信之人的判断行使了用益权。本书所引优士丁尼《学说汇纂》第 7 卷的片段，其中译文参考了如下译本，下文不再逐一标注：[古罗马]优士丁尼：《学说汇纂》（第 7 卷：用益权），米健译，法律出版社 1999 年版。

对公共场所尤其是道路的清洁维护和垃圾的处理，在很大程度上直接消除了恶劣空气的源头；其二，对于废气排放的间接规制，在一定范围内控制了空气污染的幅度；其三，对以铅为代表的有害物质排放的调整，也有助于良好空气的获得。

一、道路的清洁与垃圾的处理

（一）道路清洁的职官配置

罗马街道的清洁工作是由三方合力得以保障的：一是市政官（*aediles*），他是负责城市管理方面的最主要职官，其职责当然也包括城市街道的清洁和维护（D. 43,10,1pr.）以及为确保道路的可通行性，制止并惩罚向道路上抛扔垃圾、动物尸体或毛皮的行为（D. 43,10,1,5）；二是市政官领导下的两个团体，即“四人城内道路事务委员会”（*quattuorviri viarum curandarum* 或 *quattuorviri viis in urbe purgandis*）和“二人城外道路事务委员会”（*duoviri curatores viarum* 或 *duoviri viis extra urbem purgandis*），他们更为直接地专门负责街道的清洁和维护；三是其建筑物临街的居民，他们有义务对其临街建筑物前面的道路和露天下水道进行清理（D. 43,10,1,3）。据此有学者认为，罗马城市清洁的实现主要不是通过禁止性的措施而是首先通过强制性的措施实现的，即对临街建筑物的所有人课以维持道路清洁的义务。如果临街建筑物的所有人没有履行此等义务，市政官将对其进行一定处罚，并采取其他措施以补救，比如将该项工作发包出去，从而保证道路的清洁。①

对于市政官，我们已所知甚多，在此仅重点介绍一下具体负责道路事务的"四人城内道路事务委员会"和"二人城外道路事务委员会"。这两个委员会是罗马共和时期著名的"二十六人委员会"（*vigintisexviri*）的成员，后者是共和时期的一种低阶执法官团体，由六个具体的团体组成，除"四人城内道路事务委员会"和"二人城外道路事务委员会"外还包括"十人争议裁判委员会"（*decemviri stlitibus iudicandis*）、"三人刑狱事务委员会"（*tresviri capitales*）、"三人货币事务委员会"（*tresviri monetales*）和"坎帕尼亚四长官"（*praefecti Capuam Cumas*），即被派往坎帕尼亚的卡普亚城和库迈城去执法的四位长官。这一执法官团体一直存续到共和末期，因此，在整个共和时期都存在至少六位职官与市政官一起确保罗马城市道路的清洁。至于此等职官设立的确切时间，已无从知晓，可以确定的是，奥古斯都时期，上述"二十六人委员会"被缩减为"二十人委员会"（*vigintiviri*），被缩减掉的是"二人城外道路委

① Cfr. Silvio Panciera, *Nettezza Urbana a Roma*: *Organizzazione e Responsabili*, in Xavier Dupré - Raventós/Josep Anton Remolá (editores), *Sordes Urbis*: *La Eliminación de Residuos en la Ciudad Romana*, Roma: L'Erma di Bretschneider, 2000, p. 98. 有学者认为，其建筑物临街的居民对其建筑物对面的道路没有清洁（*purgatio*）的义务而只有维护保养（*tuitio*）的义务。实际上，正如乌尔比安所说，"清洁是维护的一部分"（D. 43,11,1,1）。

员会”和“坎帕尼亚四长官”，前者所承担的功能被归并到“四人道路事务委员会”中。“四人道路事务委员会”仍然受负责城市清洁的市政官领导，这种状况从奥古斯都时期一直持续到公元 260 年，那一年，“四人道路事务委员会”与“二十人委员会”的其他职位一同消失了。①

在优士丁尼《学说汇纂》中还提到承担道路管理的其他职官，比如“公共道路保佐人”（D. 43，23，2）和“负责公共工程的官员”（D. 43，8，2，17）。此外，在古罗马所保留下的碑铭中，还提到，自安东尼努斯·皮尤斯皇帝以后，出现一些主要由 60 岁以上的骑士阶层的老人组成的号称“城市道路代理人”的团体。②

（二）关于公共场所和道路的令状

与道路的清洁以及包括道路在内的公共场所的空气保护相关的法律制度中最主要的是“关于公共场所和道路的令状”（*interdictum de locis et itineribus publicis*）。这是一种典型的民众令状，产生于公元前 3 世纪，其更确切的名称是“禁止在公共场所或公共道路上做某事的令状”（D. 43，8）。这里所说的“公共场

① Cfr. Silvio Panciera, *Nettezza Urbana a Roma*: *Organizzazione e Responsabili*, in Xavier Dupré – Raventós/Josep Anton Remolá (editores), *Sordes Urbis*: *La Eliminación de Residuos en la Ciudad Romana*, Roma: L'Erma di Bretschneider, 2000, p. 103.

② Cfr. Silvio Panciera, *Nettezza Urbana a Roma*: *Organizzazione e Responsabili*, in Xavier Dupré – Raventós/Josep Anton Remolá (editores), *Sordes Urbis*: *La Eliminación de Residuos en la Ciudad Romana*, Roma: L'Erma di Bretschneider, 2000, p. 104.

所”（*loca publica*），根据奥古斯都时期的法学家拉贝奥的界定，是指广场、神殿、公地和公共道路（D. 43，8，2，3），但道路此后从公共场所中独立出来，“关于公共道路的令状”也因此得以并列于“关于公共场所的令状”。

“关于公共场所的令状”和“关于公共道路的令状”最初都旨在保护公共物，只是在后来，特别是在拉贝奥和涅尔瓦（父亲）之后，才被用于解决与环境健康有关的问题——既考虑到市民个人和所有权人的利益，也认真考虑了公共利益。

“关于公共场所的令状”是一项禁止性令状，其要旨体现在乌尔比安与《学说汇纂》第 68 卷：“裁判官说：不得在公共场所做任何事或向其中排放任何物，如果将因此对公共场所造成损害的话；除非得到某项法律、元老院决议、告示或元首的裁决的允许。对于已经实施的事项，我将不授予令状”（D. 43，8，2pr）。

“关于公共道路的令状”也是一项类似的禁止性令状，通过禁止在公共道路上从事某些行为，从而保证公共道路的良好使用。拉贝奥认为，该令状也适用于那些通过向公共道路上排放某物而减少或妨碍公共道路的使用之人。①

此等令状旨在通过预防性的干预，避免在公共场

① D. 43，8，2，26. 乌尔比安：《告示评注》第 68 卷：如果某人将下水道引向公共道路，因此使公共道路不太适于使用，拉贝奥说，他应当承担责任：因为他被认为引入了某物使道路变坏。

所或道路上做某事,以保护公共场所免遭可能存在的未经授权的活动,以及可能对他人造成损害或减损公共道路的干扰或排放。涅尔瓦(父亲)将之扩大适用于公共场所或公共道路上的空气被污染的情形:

D. 43,8,2,29. 乌尔比安:《告示评注》第 68 卷:涅尔瓦说,如果一个地方仅因气味不好而变成了有害健康的地方,是求诸此令状的正当理由。

根据这则片段,如果某个地方(公共场所或道路)"仅因气味不好而变成了有害健康的地方",无论这种有害健康的气味来源如何,均得适用"禁止在公共场所或公共道路上做某事"的民众令状。这就意味着,法学家涅尔瓦(父亲)赋予空气污染以独立的意义。①

(三)垃圾的处理

垃圾在罗马城大量出现始于公元前 2 世纪。众所周知,在这个时期,由于一系列复杂的因素和事件,伴随着罗马的城市化进程和大量奴隶的涌入,罗马的人口剧增,生产和建筑方式不断革新,罗马呈现新的城市特征,比如狭窄的街道和高层的密集建筑等。这决定了罗马人必须要采取一些处理垃圾的措施,其中就包括我们将在下文重点谈到的公共和私人下水道系统的

---

① Cfr. Andrea Di Porto, *La Tutela della《Salubritas》fra Editto e Giurisprudenza*. Ⅰ. *Il Ruolo di Labeone*, Milano: Giuffrè, 1990, p. 141-142.

建立。[①]

首先,我们来看一下古罗马的垃圾形态。我们知道,在包括古罗马在内的古代都还不存在复杂的合成材料,也没有对废弃物进行循环再利用的观念,这两点决定了古罗马的垃圾类型具有如下特点:一是较为简单,多为可生物降解的材料;二是积存的垃圾数量巨大,尤其是废弃的建筑垃圾。总的来说,古罗马的垃圾类型主要有如下三种:其一,大型固体废弃物,如建筑垃圾、陶器瓦罐等;其二,动物的尸体、粪便和人类的生活垃圾;其三,日常污水和工业污水,如生活废水、公共浴场的废水、公共厕所的废水,洗染业、毛纺业和皮革业等排放的生产废水。[②]

其次,我们了解一下此等垃圾是如何收集和消解的。第一类垃圾和第二类垃圾的收集主要是通过马车。白天清理出来的垃圾,在夜晚降临后(最晚在第二天10时以前)由马车运出罗马城,因为在白天,城内是禁止马车通行的。这种由马车在夜间将垃圾运出城的做法是一项我们不知道的早期立法所规定的,而

---

① Cfr. Andrea di Porto, *La Gestione dei Rifiuti a Roma fra Tarda Repubblica e Primo Impero: Linee di un 'Modello'*, in Feliciano Serrao (a cura di), *Societas-Ius: Munuscula di Allievi a Feliciano Serrao*, Napoli: Jovene, 1999, p.45.

② Cfr. Andrea di Porto, *La Gestione dei Rifiuti a Roma fra Tarda Repubblica e Primo Impero: Linee di un 'Modello'*, in Feliciano Serrao (a cura di), *Societas-Ius: Munuscula di Allievi a Feliciano Serrao*, Napoli: Jovene, 1999, p.50-51.

且这项工作通常由负责公共道路事务的市政官发包给个人或团体来实施。① 这些被马车运到城外的垃圾只能在远离城市生活区域的地方被堆积起来,因为这些垃圾不能通过下水道排入河流和大海,它们通常不溶于水,会妨碍河海的通行,也会阻碍下水道的畅通。堆满水泥碎块和瓦砾的泰斯塔修山(Monte Testaccio)就是一个典型的例子,这座山就是靠废弃物堆积起来的垃圾山,一直到公元3世纪,奥勒良皇帝(Lucius Domitius Aurelianus,270—275年在位)才将其划入罗马城墙范围之内;罗马城附近的奥斯提亚沼泽地也曾是堆放垃圾的场所:公元64年的罗马大火产生的各种垃圾和废弃物就是被运到此地;②实际上,作为罗马建城基础的七丘之一的埃斯奎利诺山丘也是如此,至公元前1世纪,在贵族梅塞纳斯(Gaius Cilnius Maecenas,公元前68年至公元前8年)的努力下,它才成为古罗马的生活区。③ 实际上,直到公元1世纪,埃斯奎利诺山丘

---

① Cfr. Silvio Panciera, *Nettezza Urbana a Roma: Organizzazione e Responsabili*, in Xavier Dupré-Raventós/Josep Anton Remolá (editores), *Sordes Urbis: La Eliminación de Residuos en la Ciudad Romana*, Roma: L'Erma di Bretschneider, 2000, p. 102.

② 根据塔西佗的记载,大火之后,尼禄皇帝指定奥斯提亚沼泽地为堆积垃圾废土的地方,并下令从台伯河运粮到罗马的船在回去时一定要运走垃圾。参见[古罗马]塔西佗:《编年史》(下册),王以铸、崔妙因译,商务印书馆1997年版,第540页。

③ Cfr. Andrea di Porto, *La Gestione dei Rifiuti a Roma fra Tarda Repubblica e Primo Impero: Linee di un 'Modello'*, in Feliciano Serrao (a cura di), *Societas-Ius: Munuscula di Allievi a Feliciano Serrao*, Napoli: Jovene, 1999, p. 54.

仍然是人们习惯性地投放包括建筑垃圾在内的各种垃圾的场所,为此,罗马元老院还专门发布过一项决议,即《关于山区村落的元老院决议》(*Senatusconsultum de pago Montano*),它禁止在罗马埃斯奎利诺山丘的区域堆积各种垃圾和废物,并规定平民营造官可对违禁者提起拘禁之诉和扣押之诉。[①]

此等不可降解、不可重复使用的垃圾大量堆积对于城市的规划和秩序来说是一种威胁,因此罗马人曾通过立法禁止拆除建筑物,以免产生大量建筑垃圾:公元前44年颁布的《乌尔索法》(*Lex Ursonensis*)[②]第75条规定:"任何人均不得将尤流斯殖民城中的任何建筑物予以拆除,除非其提供担保(其数额由'二人团'确定),保证其事后会重建之,或者除非市政元老院(*decuriones*)通过法令同意此等行为,而且在讨论此等事宜时,出席的市政元老不少于50人。任何人违反本法规定的,应被判处向'尤流斯-母神殖民城'的居民

---

① 参见齐云、徐国栋:《罗马的法律和元老院决议大全》,载徐国栋主编:《罗马法与现代民法》(第8卷),厦门大学出版社2014年版,第245页。

② 又称《尤流斯—母神殖民城法》(*Lex Coloniae Genetivae Iuliae*),制定于公元前44年,由凯撒生前提议,后经安东尼提交罗马元老院通过,它规定了在西班牙的殖民地乌索(古称"Urso",现称"Osuna",为西班牙塞尔维亚的一个城市)的制度。罗马在乌索设立殖民地后,将其命名为"尤流斯—母神殖民城",其中"尤流斯"系凯撒的族名,"母神"系尤流斯家族的远祖母神维纳斯(*Venus Genetrix*)。该法中提及该地时或称其全称,或将其简称为"尤流斯殖民城"。该法的部分内容保存在4块青铜板之上,其部分条文的中译本参见肖丽:《〈尤利乌斯—母神殖民城法令〉译注》,载《古代文明》2015年第4期。

支付上述建筑物的价值额，并且任何人均可依据本法对此人提起诉讼，要求支付上述数额。”①

第三类垃圾的收集主要是通过发达的下水道系统。罗马帝国的下水道系统分为三级：第一级下水道是各建筑物和道路下面用以直接收集污水的地下管道；第二级下水道存在于城市居民区的主要道路之下，第一级下水道中的污水要流经于此；第三级下水道遍布于城市的主干道之下，其往往规模宏大，它们将第二级下水道排入的污水最终注入大海或河流，比如罗马城的“大下水道”（*Cloaca Massima*），它直接通向台伯河。② 从下水道的工作流程可以看到，经过三级下水道收集的污水最终直接排入河流或大海，没有经过任何处理程序。

随着人口的持续增加，到帝政时期，罗马的下水道系统已不敷使用，经常陷入瘫痪，因此，罗马城中经常是臭气熏天。西塞罗在《控维勒斯》中描绘的一个场景颇有说明意义：曾担任西西里行省总督的维勒斯经常在旅行时佩戴两个花冠，鼻子前还放着一个装满玫瑰花瓣的亚麻香包。维勒斯之所以这么做无非是要抵

---

① See A. C. Johnson, P. R. Coleman-Norton and F. C. Bourne, *Ancient Roman Statutes*, Clark, New Jersey: The Lawbook Exchange, Ltd., 2003, p. 99.

② Cfr. Andrea di Porto, *La Gestione dei Rifiuti a Roma fra Tarda Repubblica e Primo Impero: Linee di un 'Modello'*, in Feliciano Serrao (a cura di), *Societas-Ius: Munuscula di Allievi a Feliciano Serrao*, Napoli: Jovene, 1999, p. 51-53.

御空气中的恶臭气味。① 对于此等空气问题的解决,还需要借助我们将在下文讲到的对下水道维护的相关法律制度。

二、废气的排放与“阿里斯托法”

废气尤其是工业废气的排放,是造成空气污染的另一个重要原因。罗马法学家构建的对废气排放的规制手段主要体现在乌尔比安的如下三个片段中:

D. 8,5,8,5. 乌尔比安:《告示评注》第 17 卷:阿里斯托(Aristo)对切勒流斯·维塔利斯(Cerellius Vitalis)回答道,他不认为奶酪作坊可以合法地向高于它的建筑物排放烟雾,除非上述建筑物被设定了允许这样做的役权。他还说道,较高的建筑物不可以向较低的建筑物排放水或任何其他物。实际上,人们可以对自己的物实施只要不向他人的物进行排放的任何行为,例如烟雾和水都是排放物:较高建筑物的所有权人可以对较低建筑物的所有权人提起诉讼,主张后者无权这样做。最后,他写道,阿尔芬努斯说:可以提起诉讼,主张一个人没有权利在自己的土地上砍劈石头从而使碎块落入我的土地上。因此,阿里斯托说,如果一个人从明图尔诺当局租了一间奶酪店,上层建筑的所有权人可以阻止他排放烟雾,但明图尔诺当局要基于租赁对他承担责任。他还

---

① 参见[意]约勒·法略莉:《古罗马的环境保护》,李飞译,载《厦门大学学报》(哲学社会科学版)2012 年第 4 期。

说,在针对排放烟雾之人的诉讼中,可以主张的是,他无权这样做。因此,另一方面,存在一项诉权,被告可以据以主张他有权排放烟雾。这也得到阿里斯托的赞同。此外,如果一个人被阻止按照自己的愿意使用自己的土地,可适用保护不动产占有令状。

D. 8,5,8,6. 乌尔比安:《告示评注》第 17 卷:彭波尼在其《各种课文》第 41 卷中提出疑问:是否可以就他人在其土地上排放的少量烟雾,例如炉灶中的烟雾,提起诉讼。他说,更好的意见是,不能提起此等诉讼,就像不能提起诉讼主张他人不能在其土地上生火、落座或洗漱。

D. 8,5,8,7. 乌尔比安:《告示评注》第 17 卷:同一法学家在另一情形中赞同此观点。他说,昆提拉建了一个通过乌尔苏斯·尤流斯之土地的地下管道以排放浴室的蒸汽,可以设立此等役权的观点被普遍赞同。

上述三个著名的片段所陈述的关于废气排放的内容,被学者们概括为"阿里斯托法"(*lex Aristo*)。在这些片段的基础上,可以对废气的规定进行重构:[①]对于

① 对这些片段尤其是第一个片段的分析,有着大量的相关文献,感兴趣者可以参见 Antonio Palma, *Iura Vicinitatis*: *Solidarietà e Limitazioni nel Rapporto di Vicinato in Diritto Romano dell'età Classica*, Torino: Giappichelli, 1988, p. 185ss; Pia Starace, *Aristone e i Fumi della Taberna Casiaria*: *Brevi Spunti per una Rilettura di D.* 8. 5. 8. 5, In Cosimo Cascione e Carla Masi Doria (a cura di), *Fides Humanitas Ius*: *Studii in Onore di Luigi Labruna*, Napoli: Editoriale scientifica, 2007, p. 5403-5420; Laura Solidoro Maruotti, *La Tutela dell'ambiente nella sua Evoluzione Storica*: *L'esperienza del Mondo Antico*, Torino: G. Giappichelli Editore, 2009, p. 96-98。

阻止烟雾等废气排放问题，罗马法学家们很可能具有不同的观点，但都是围绕“否定之诉”（*actio negatoria*）、“确认役权之诉”（*actio confessoria*）和“保护不动产占有令状”（*interdictun uti possidetis*）展开的。如果邻人的土地上产生的烟雾、水和其他类似排放物超过允许的限度，土地所有人可以通过“保护不动产占有令状”对邻人提起诉讼，以排除此等侵扰并获得对所受损害的赔偿。邻人要证成其排放的正当性，则需要诉诸“确认役权之诉”，请求确认存在进行此等排放的役权。反之，如果土地所有人欲否认对方的此等役权，他可以提起“否定之诉”。否定之诉是一般性的诉讼，据此，所有权人可以请求确认第三人主张的他物权不存在，从而使所有权人摆脱第三人所主张的役权的限制，使土地恢复到先前的状态。实际上，为了对抗污染活动，人们经常诉诸这种保护工具，要求确认不存在某种由污染物的受害地所承受的排放役权。

但是，作为“阿里斯托法”之核心的“否定之诉”保护的是土地所有人免受不当的排放，这种诉讼显然旨在保护私人利益而非环境的集体利益。如果被侵害的土地所有权人并未觉得受到侵害，或者与排放者达成了协议，这种排放就是被允许的，尽管排放可能会造成污染。此外，如果是向自己的土地进行排放，因而污染了空气或水，但对邻人的土地没有产生影响，邻人则不得提起“否定之诉”。在此，我们注意到这种诉讼内在的显而易见的局限性，因此，即便说从这种诉讼中可以发现对环境要素进行保护的因子，也只是作为对个人利益进行保护的附带性的或者说间接性的结果。

此外，我们注意到，在 D. 8,5,8,5 中，公元 1—2 世纪的法学家阿里斯托(Aristo)论证其观点时并没有考虑到烟雾相对于其他排放物的特殊性，比如对大气的潜在污染，相反，其论证的逻辑起点是“较高的建筑物不可以向较低的建筑物排放水或任何其他物”，并且将烟雾和水视为同等类别的排放物，因此，对于烟雾的排放，使用既存的关于一般排放物的规则，即排放烟雾者因享有排放役权而得以证成其行为的正当性，承受排放者则可以通过否认役权之诉进行反驳。显然，对于空气质量的保护不在罗马法学家的考虑之列，排放的正当与否取决于是否存在役权。

作为该规则的例外或补充，彭波尼在 D. 8,5,8,6 中于役权之外引入了一项具有弹性的量化标准来证成日常生活需要进行少量排放的正当性，当然正如 D. 8,5,8,7 所表明的，如果是超出日常生活范畴的排放，则需要存在一项役权以证成其正当性。① 这一标准在现代法典中取得了巨大成功，例如，《德国民法典》第 906 条第 1 款规定：“土地所有人不得禁止煤气、蒸汽、臭气、烟、煤烟子、热、噪音、震动以及从另一块土地发出的类似干涉的侵入，但以该干涉不妨害或仅轻微地妨

---

① Cfr. Mario Fiorentini, *Precedenti di Diritto Ambientale a Roma? II. La Tutela Boschiva*, in *Index*, 2007 (35), p. 343.

害其土地的使用为限……”;再如,《意大利民法典》第844条规定:“在正常忍受限度内并考虑到当地的环境条件,土地的所有权人不得妨碍自邻地自然排放或传出的烟雾、热气、气味、噪音、震动以及其他类似的排放。在适用本条规定时,司法机构应当尽量协调生产的需要与土地所有人的利益。同时也应当考虑某一确定用途的所有权的利益。”

除此之外,需要附带提到的是,皇帝敕令也在规制废气排放方面有所建树。比如,玻璃制造业是一个会对空气造成污染的行业,在亚历山大·塞维鲁斯时期,空气污染达到非常严重的程度,以致该皇帝颁布了多部法令来保护大气环境,其中措施就包括强制将玻璃工厂迁移到一个限定的工业区域。[①]

三、铅的排放

铅是罗马人生活中经常接触到的材料,罗马人对铅的使用十分广泛:引水管道、各种器皿、儿童玩具、演出券、投票箱、化妆品、货币和许多其他物品中都有铅的成分,铅还被当作贵重金属渗透到罗马贵族生活的各个方面。然而铅对人体有着诸多危害,公元前1世纪的古罗马建筑家维特鲁威曾对此做过一般性的考察:

① Cfr. Enzo Nardi, *Inquinamento e Diritto Romano*, in *Studi in Onore di Tito Carnacini* (3), Milano: Giuffrè, 1984, p. 757.

维特鲁威:《建筑十书》8,6,10-11:用陶管的水道有下列优点:首先,即使在工作上偶有缺点,任何人也都可以修缮。其次,陶管的水比铅管的水要卫生若干倍。因为从铅中发生铅白,据说它对人体有害,所以认作是不好的。这样,如果从它发生的东西是有害的,那么无可怀疑它本身自然是不卫生的。

我们在铅工上就可以看到这种实例。即这些工人的肤色是苍白的。那是当铸造之际铅熔化时,从其中发出的蒸汽便停留在身体的关节上,每天发出热来,从肢体中夺去其血液的作用。因此,如果我们想要得到卫生的水,也绝不要用铅管来输导。每天的进餐就可以表明从陶管引来的水有着比其他优良的味道。因为任何人即使堆满银器来装饰食桌,而为了味道还是使用一套陶器制品的。①

由于铅的危害以及铅材料在罗马的广泛使用,一些历史学家指出,广泛的铅中毒是罗马人民体质虚弱,这也是导致罗马帝国衰亡的原因之一。② 作为佐证,有学者分析了与罗马市民的食物和临床统计有关的古典时期的博物学家的论述,他们发现,铅在古典时期的

① [古罗马]维特鲁威:《建筑十书》,高履泰译,知识产权出版社2001年版,第228页。

② Cfr. Laura Solidoro Maruotti, *La Tutela dell'ambiente nella sua Evoluzione Storica*: *L'esperienza del Mondo Antico*, Torino: G. Giappichelli Editore, 2009, p. 59.

人的骨骼中大量存在。[①] 然而该观点受到强烈批判，批判者的论据主要有二：其一，铅管中的水是否有害于健康取决于水质的软硬，水质的软硬则取决于集水区的地质结构。铅虽然可溶于水，但如果水流经的地下岩层是沉积岩（比如石灰岩）而不是火成岩（比如花岗岩），那么其中的碳酸钙不仅将使水质变硬，而且在水管和水之间会形成一层类似于绝缘体的沉垢，将阻隔水和水管的直接接触。事实上，罗马的水道确实以其沉垢积厚而受诟病，因此必须经常组织人员清理此等沉垢。其二，不像现代的供水系统，罗马的水道和家用水管里的水是日夜一直流动的，是活水，在罗马人的生活中，水龙头确实偶有出现，但没有得到广泛的使用。因此，除非水龙头得到广泛使用，从而在不用水之时阻止水的流动，否则水在管道中与水管接触的时间是很短的，可能最多有 5 分钟。此外，人体每天可承受最大摄入量为 0. 6mg 的铅，只有超过这一数值，才会在人体中逐渐沉积下来危害人体健康。因此，水管中的水受水管材质的影响并没有想象的大。[②]

但上述种种与本研究主题关联不大，笔者感兴趣的是对于在铅的获取和铅材料的加工过程中产生的导致环境污染的排放物，比如有毒的烟雾和蒸汽等，如何

---

① 参见［意］约勒·法略莉：《古罗马的环境保护》，李飞译，载《厦门大学学报》（哲学社会科学版）2012 年第 4 期。

② Alfred Trevor Hodge, *Vitruvius*, *Lead Pipes and Lead Poisoning*, in *American Journal of Archaeology*, 1981, 85(4), p. 488-491.

进行法律规制。在罗马法原始文献中,没有专门对这一问题进行讨论的记载,但我们在前文所考察的“阿里斯托法”似乎可以涵盖这个主题。据此,如果有人向自己的土地排放与铅有关的有毒物质,可以提起“保护不动产占有令状”和“否定之诉”予以对抗,但如前文所述,这两种举措针对的都是向他人土地上进行排放的情形,如果某人向自己的土地上进行此等排放,即便造成了空气和土地的污染,也无从禁止。这也再次说明,罗马人是站在私人财产保护的视角而非环境保护的视角来思考排放物的规制问题的。

第二节　水的保护

一、水道之水的保护

罗马人流传下来的文献告诉我们,罗慕路斯选择建城之处的罗马,虽然占据极佳的战略位置,但也面临着并不优越的自然环境。乌尔比安的一则片段至少揭示了罗马的水源并不充裕:裁判官说:“只要你在前一年未以暴力、又未以隐匿、也未以容假地从他人使用系争的水源,我禁止使用暴力阻止你作这样的使用。就蓄水池、水井和水塘,我将发布同样的令状”(D. 43,22,1pr.)。因此,为了满足罗马人民引水之需,罗马的水道系统非常发达,尤其是始于公元前312年的公共水道的建设,就是在这样的背景下开展的一项重要的公共工程。① 也正因为罗马水源的不充裕以及水之于人的重要性，罗马人对水给予了全方位的立体保护，对实施水污染者给予严厉的处罚。② 首先我们将视线投向水道之水的保护。

为了加强对水道之水的保护，一些最初并非旨在保护健康的令状后来被用来解决与健康有关的问题，“关于日常之水和夏季之水的令状”即其著例。针对干预你引水之人，该令状包含两个子令状，其程式分别体现在如下两个片段中：D. 43,20,1pr.（乌尔比安：《告示评注》第 70 卷：裁判官说：“如果你在前一年未以暴力、又未以隐匿、也未以容假地从他人导引系争之水，我禁止使用暴力阻止你作这样的引水。”）和 D. 43,20,1,29（乌尔比安：《告示评注》第 70 卷：裁判官又说：“如果你前一年夏天未以暴力、又未以隐匿、还未以容假地从他人导引系争之水，我禁止使用暴力阻止你作这样的引水……”）。显然，这两项子令状的区

---

① 参见黄文煌：《论罗马法上的公共引水道——兼论共有物的法律制度》，载徐国栋主编：《罗马法与现代民法》（第 8 卷），厦门大学出版社 2014 年版，第 316 页。对于罗马公共水道的研究，还可以参见 Franco Vallocchia, *Studi sugli Acquedotti Pubblici Romai*（Ⅰ-Ⅱ），Napoli：Jovene editore，2012。

② D. 47,11,1,1. 保罗：《论点集》第 4 卷：如果实施了违背善良习俗的非行，比如某人向他人抛洒腐臭的粪便，或者向他人涂抹淤泥或脏物，或者污染了水，或者污染了水管、水槽以及任何其他物从而损害了公众利益的：对此等人，通常给予严厉的处罚。

分仅仅是基于行使引水权的时间方式的不同。[①] 通过此等令状，只要引水役权的行使不存在瑕疵，即在前一年或前一年夏天所行使的权利范围内进行引水，此等引水活动就会得到裁判官的保护。此外，使人信以为他享有引水役权之人，即使并非役权的实际享有者，在通过司法确定该权利的归属之前，他同样受到保护，尽管这种保护只是暂时性的。

除了对于引水权的保护，在保护水道之水的水质方面，特别值得一提的是罗马法学家们尤其是拉贝奥对该令状的扩张性解释。[②] 这典型地体现在乌尔比安在《告示评注》中所援引的拉贝奥的一段论述上：

① D. 43,20,1,3. 乌尔比安：《告示评注》第70卷：而水流有两种，一种是日常之水，一种是夏季之水。日常之水与夏季之水的区分，是根据习俗而不是根据法。日常之水是那种人们惯于通常既在夏时又在冬时导引的水流，尽管有时它不被导引。那种其役权按时间的间隔划分的水，也被说成是日常之水。而夏季之水是只有在夏季使用才方便的水流，就像我们说夏季的衣服、夏季的牧场、夏季的兵营，有时我们在冬季也使用它们，但多数情况下是在夏季使用。我认为，必须根据使用者的意图和地方的性质的证据把夏季之水与日常之水区分开来。事实上，如果水流是可一年四季被导引的，但我只在夏季使用它，必须说这一水流是夏季之水。同样，如果水流在夏季之外不能被导引，它【也】被说成是夏季之水。如果地方依自然是在夏季以外不允许导水的，必须说，【这里的水】被正确地称为夏季之水。译文参见［意］桑德罗·斯奇巴尼选编：《债·私犯之债（Ⅱ）和犯罪》，徐国栋译，中国政法大学出版社1998年版，第151～152页。

② 在意大利学者 Andrea Di Porto 看来，对于环境要素的罗马法保护，法学家拉贝奥的贡献是巨大的，他似乎有一个卫生—保健的宏大设想，并希望借助对令状的扩张解释来实现一个消灭垃圾的理想模式，以更好的方式满足卫生—保健的需求和健康空气的需求。参见［意］安德烈·迪·波尔托：《罗马法中的环境保护》，罗智敏译，载费安玲主编：《学说汇纂》（第2卷），知识产权出版社2009年版，第72～73页。

D. 43,20,1,27. 乌尔比安：《告示评注》第 70 卷：拉贝奥认为，通过这种令状，如果前一年无过错地从你的土地上引水的某人在该土地上建筑、挖掘、播种、砍伐和修剪，且如此而为将污染、损害、破坏水质或使水质恶化，此等行为被禁止。拉贝奥说，同样的令状也授予夏季用水。

该片段规定涉及的范围非常广泛，这让人想起《关于水道的昆克求斯法》的规定，[①]虽然后者调整的对象是公共水道。它们都旨在保护水道之水的正常供应，但拉贝奥将关注的重点投放到水污染的问题上，拉贝奥通过禁止第三人将他人之水弄脏、污染、使其变得无法使用或使水质恶化，从而扩张了该令状的适用范围。此后，拉贝奥对这种裁判官救济的解释被进一步扩张：该令状不仅针对阻止引水之人，而且一般性地针对危害水道清洁的任何人。[②]

在拉贝奥看来，任何可能导致水道之水的水质腐化或受污染的行为都在"关于日常之水和夏季之水的令状"的涵摄之下，从而将包括"活水"（井水、泉水、水道之水）[③]以及通过各种方式收集的活水以外的其他

① 对于该法的详细内容，参见前文第一章第四节。

② 参见[意]约勒·法略莉：《古罗马的环境保护》，李飞译，载《厦门大学学报》(哲学社会科学版)2012 年第 4 期。

③ Cfr. Andrea Di Porto, *La Tutela della《Salubritas》fra Editto e Giurisprudenza*. Ⅰ *Il Ruolo di Labeone*, Milano: Giuffrè, 1990, p. 51.

蓄水在内的水资源[1]给予了全面保护，而其保护机制，根据拉贝奥的建构，则由“制止暴力或欺瞒令状”(*interdictum quod vi aut clam*)和“关于日常之水和夏季之水的令状”互补完成：如果污染的是水道之水，水还在流动途中，可以诉诸后者；如果污染的是任何其他类型的位于土地上之水，则可以诉诸前者。[2] 总之，拉贝奥表现出对水这一环境要素之保护的高度敏感。在他看来，“制止暴力或欺瞒令状”与“关于日常之水和夏季之水的令状”相得益彰：后者旨在对任何污染水道之水的行为提供有效的规制；前者则被用来对抗对土地实施的造成水质损害的行为。

二、其他来源之水的保护

对于水道以外的其他来源之水，比如水井之水、蓄水池之水等，在其受污染时，则诉诸“制止暴力[3]或欺

---

① “农庄的房舍应当修建在有水的地方，水应当在它的范围以内，即使做不到这一点，那水源也是越近越好。首先，应当有一个天然的泉水；其次，是一个永远不会干涸的水源。在根本没有活水的地方，屋里应当置备水槽，外面露天地应当有个水池，屋里的水，人用；外面露天的水，牲畜用。”参见[古罗马]M. T. 瓦罗：《论农业》，王家绶译，商务印书馆1981年版，第47页。

② Cfr. Andrea Di Porto, *La Tutela della《Salubritas》fra Editto e Giurisprudenza. I Il Ruolo di Labeone*, Milano: Giuffrè, 1990, p. 55-56.

③ 该令状中的“暴力”的确切含义，是指违反所有权人的意愿或者违反事前禁止此等行为之人的意愿而实施行为。Cfr. Iole Fargnoli, *Studi sulla Legittimazione Attiva all'interdetto quod vi aut clam*, Milano: Giuffrè, 1998, p. 8.

瞒令状”的保护。该令状最初只适用于土地,[1]旨在保护土地的所有人,针对的是在他人土地上隐秘的或违反土地所有人意愿实施了某项施工(*opus*)之人,是一种恢复原状性的令状。由于拉贝奥的贡献,该令状被认为可适用于私人水井的水被污染的情形:

D. 43,24,11pr. 乌尔比安:《告示评注》第71卷:拉贝奥说,任何人向邻人的水井中倾倒某物,从而破坏了水质的,应根据制止暴力或欺瞒令状承担责任:因为活水被视为土地的一部分,他这么做就像是在水中实施了某项施工。

上述片段无论是在优士丁尼法典编纂的范围内还是在乌尔比安作品中可能的原始上下文中,所从属的讨论背景都不涉及对水污染的救济,而是该令状的适用范围。那么,为了证成这种扩大适用,需要将“水”和“土地”相等同,因为如上文所述,“制止暴力或欺瞒令状”只与发生在土地上的行为有关。因此,“因为活水被视为土地的一部分”的表达显然旨在将产生“破坏了水质”后果的“向邻人的水井中倾倒某物”的行为与土地相关联。“活水”被等同“土地的一部分”,倾倒某物的行为被等同于某项施工。

“禁止暴力或欺瞒令状”的扩张适用开始后,随之

---

① D. 43,24,7,5. 乌尔比安《告示评注》第71卷:我们在前文已指出,虽然该令状的用语有广泛的适用空间,但它们仅适用于与土地有关的活动……

而来的是课加给污染者恢复原状和进行改良的义务。这一点非常重要,因为它不是在金钱惩罚或损害赔偿层面,而是在清除污染源层面解决问题的。在此,历史的教导可以给我们以启示:对于实施污染活动者,除了金钱制裁或限制人身自由外,必须有效地强制他们去除污染物,并将污染场所恢复到先前的状态。

此外,需要补充说明的是,对 D. 43,24,11pr. 中包含的规则的证成,在有些人看来,是概念层化处理的结果。确切来说,在乌尔比安的时代,存在一种对告示用语解释的狭窄化,而拉贝奥对该令状的适用可能确实有一种更加广阔的视野(他最早将该令状扩大适用于污染水井之情形),但很可能他贯彻的是该令状规定的最初精神,即该令状可能是针对任何以暴力或欺瞒所做之事的一般救济,既没有提“施工”(*opus*),也没有提“土地”(*solum*)。在拉贝奥看来,适用“制止暴力或欺瞒令状”的唯一条件是 *facere*,即导致损害结果的行为,而不考虑任何土地的因素,而在乌尔比安看来,“制止暴力或欺瞒令状”只能适用于与土地有关的活动。乌尔比安的观点似乎是这场激烈争论的最终结果。①

三、水源的清理与水设施的修缮

与水源的清理和水设施的修缮密切相关的是两项

① Cfr. Francesco Fasolino, *Prime Considerazioni in tema di Tutela della Salubritas fra* Ⅲ *e* Ⅰ *Sec. A. C.* , in *Teoria e Storia del Diritto Privato*, 2010 (3), p. 21-22.

裁判官令状:"关于水渠的令状"(*interdictum de rivis*)和"关于水源的令状"(*interdictum de fonte*)。这两种令状都是禁止性令状,它们是裁判官出于对健康保护的需要,在公元前2世纪末期至公元前1世纪中叶期间引入的,旨在保护水的管道设施并规范水源的清理和修缮活动。

(一)关于水渠的令状

该令状针对的是水渠、地下引水管道和水闸的清理或修缮,其程式如下:

D. 43,21,1,pr. 乌尔比安:《告示评注》第70卷:裁判官说:"如果某人未以暴力、又未以隐匿、也未以容假地从你以与前一年夏天相同的方式引水,我禁止使用暴力阻止他为了引水之目的而对水渠(*rivos*)、地下管道(*specus*)或水闸(*septa*)进行清理或修缮。"

根据这项令状,禁止阻止某人对水渠、地下管道、水闸的清理或修缮,只需要具备如下事实:他在前一年夏天或前一年就已经引水,且未以暴力、又未以隐匿、也未以容假地这样做。"关于水渠的令状"制度的特殊性也没有逃过法学家的眼睛。魏努勒尤斯(Venuleus)在D. 43,21,4中强调,是否有取水权并非授予该令状的条件。他证成这种观点的理由是,水渠的修缮与其他工程比如道路的修缮不同,指出损害供水的正常和卫生必将带来灾难。

D. 43,21,4. 魏努勒尤斯:《论令状》第1卷:对于水渠的修缮,将授予该令状,是否有取水权在所不问。

实际上,道路的修缮不似水渠的修缮这么必要,水渠如果不修缮,对水的所有使用都将无法进行,人将渴死。显然,不修缮水渠将无法获得水;但如果不修缮道路,仅使个人通行和负重通行变得困难,这在夏季会好一些。

实际上,在罗马法学家之间曾就与该令状相关的问题有过重大争论,争论的问题有:水系统的改造与优化活动在何种限度内可以被认为是对水渠的修缮?例如,对于"在修缮和清理的必要活动中(这些活动全部或部分要在他人土地上进行)要考虑的优先利益"存在不同观点。① 比如,我们在下列片段中看到:

D. 43,21,3,10. 乌尔比安:《告示评注》第 70 卷:如果某人被阻止携带或运输修缮所必要之物,奥菲流斯认为,该令状对其适用。这是正确的。

必须携带修缮水渠必需之物进入他人土地之人,与该土地的所有权人或占有人之间的利益存在冲突时,根据奥菲流斯的观点(也为乌尔比安所赞同),前者优先。在此等情形,排除"新施工告令"(*operis novi nuntiatio*)的适用,之所以如此,原因在于清理水渠(以及下水道)关涉到集体的健康与安全,必须优先于任何其他事(D. 39,1,5,11)。

---

① Cfr. Francesco Fasolino, *Prime Considerazioni in tema di Tutela della Salubritas fra* Ⅲ *e* Ⅰ *Sec. A. C.*, in *Teoria e Storia del Diritto Privato*, 2010 (3), p. 18.

(二)关于水源的令状

该令状的客体是水源的净化,其程式如下:

D. 43,22,1,6. 乌尔比安:《告示评注》第 70 卷:然后裁判官说:"只要你在前一年未以非暴力、非隐匿、非容假以外的方式使用系争的水源,我禁止使用暴力阻止你为保用水源而对其进行的清理或修缮。"

该令状适用于水源的清理修缮,因为如乌尔比安所言,"如果不允许清理和修缮水源,它将毫无用处"(D. 43,22,1,7. 乌尔比安:《告示评注》第 70 卷)。就像我们在"关于水渠的令状"中看到的,"关于水源的令状"也不要求存在一项形式上合法的使用权,只要在上一个期间的行为不存在某种瑕疵即可。

与这种形式的保护相关的需要,使此后这种令状被扩大适用于蓄水池、水井和水塘(D. 43,22,1,10)。

四、污水的排放与规制

(一)对工业污水的规制

共和中期以后,随着罗马的扩张以及随之而来的生产和贸易的繁荣,各种工业得到空前发展,环境健康也因而面临更大挑战,特别是冶金业、陶瓷业、洗衣业、纺织业和印染业等排放大量污水的行业涌现,刺激着罗马法学家去寻求对工业污水进行规制的法律手段。

在私法层面,"排放雨水之诉"(*actio aquae pluviae arcendae*)进入法学家的视野。这是一种产生于十人委员会的救济,专为雨水的排放而设,最初旨在对抗由于人工干预导致的雨水流向的改变,保护土地所有人不受因雨水的自然流动被人为改变带来的侵害:一方面,法律规定禁止上游土地的所有人通过在自己的土地上建设沟渠或其他人工设施从而改变雨水的自然流向;另一方面,不允许下游土地的所有人通过设立障碍使雨水停滞于上游土地,从而阻止雨水在其土地上的自发流动。

原则上来说,考虑到尊重自然规律,低地必须承受来自高地的雨水流放,正如保罗所言,可以说存在一项自然役权(D. 39,3,2pr.)。彭波尼也确认:"役权可以依其自然性质(*naturaliter*)给供役地带来损害,而不能因人的行为(*manu facto*)对此造成损害。比如,因为下雨而造成了水渠水位上升,或者两边土地的水流入了水渠,或者在水渠边上或水渠中出现了某一泉水源"(D. 8,3,20,1)。[①] 在高地所有人和低地所有人发生利益冲突时,占上风的是土地的自然性质。同样,就像保罗引用拉贝奥的论述所确认的,如果土地的性质因自身的原因而改变,而不是因为相邻土地上的某些活动,那么可能产生的损害必须平心静气地承受(D. 39,3,2,6)。换句话说,排放雨水之诉不适用由于土地的性质本身引起的损害,而只适用于由于人的施工

① [古罗马]优士丁尼:《学说汇纂》(第8卷),陈汉译,[意]纪蔚民校,中国政法大学出版社2009年版,第89页。

活动改变了自然条件的情形。①

在优士丁尼《学说汇纂》中,从编纂者对"排放雨水之诉"所设定的结构来看(D. 39,3),其维护土地的自然水文属性(尊重水的自然流动)的意思特别明显:在集中规定"排放雨水之诉"的《学说汇纂》第39卷第3题中,"自然""自然的""自然地"总共出现15次之多。因此,此等诉讼的意旨非常明显——对抗人类对雨水自然流向的不当干预。

在此需要强调的是,排放雨水之诉的适用存在一项非常重要的例外:至少在古典时代,为耕种土地而实施的活动被认为是合法的,即使它改变了由该土地的位置所决定的水的自然状况。② 这种处理方式深深触

---

① D. 39,3,1,1. 乌尔比安:《告示评注》第53卷:……当水因施工而可能给土地造成损害时,即当某人让水按非自然的方式流动时,适用该诉讼。例如,通过将水放入而使水流变得比通常大、急、猛,或通过阻止水流而引起水的泛滥。但是,如果水自然地引起损害,则不适用该诉讼。[意]桑德罗·斯契巴尼选编:《物与物权》,范怀俊译,中国政法大学出版社1999年版,第96页。

② D. 39,3,1,3. 乌尔比安:《告示评注》第53卷:昆图斯·穆丘斯说,这一诉讼不适用于为各种土地而以犁进行的劳作。然而特雷巴求斯仅将播种麦子而以犁进行的劳作排除于该诉讼之外。D. 39,3,1,7. 乌尔比安:《告示评注》第53卷:拉贝奥也写道,为收割庄稼或采集果实而进行的整个活动都被排除于该诉讼之外,从事该活动时为了获取哪种果实并不重要。D. 39,3,1,8. 乌尔比安:《告示评注》第53卷:萨宾和卡修斯同样说道,如果从事某一施工不是为了耕种土地,该施工便将被包括在此诉讼内。参见[意]桑德罗·斯契巴尼选编:《物与物权》,范怀俊译,中国政法大学出版社1999年版,第98页。对于排放雨水之诉的此等例外的分析,还可以参见[意]弗朗切斯科·德·马尔蒂诺:《个人主义与罗马私法》,薛军译,载徐国栋主编:《罗马法与现代民法》(第4卷),中国人民大学出版社2004年版,第54页。

动了古罗马所有权的绝对性，表明土地的正常耕种优于所有权人的个人利益。

从上文的分析我们看到，提起排放雨水之诉的一个核心要件是，根据《十二表法》确立的规则，要与雨水有关。但出于对工业污水排放管制的需要，“排放雨水之诉”的适用条件此后逐渐放宽，排放雨水之诉被扩展适用于雨水与其他水混合的情形，即“雨水”不仅仅是指来自天空之水，还包括所有其他具有不同性质但因下雨而数量增加之水。①

公元前 1 世纪的法学家特雷巴求斯(Gaius Trebatius Testa)尝试将该诉讼扩展到洗染店造成的污染的情形(D. 39,3,3pr.)，这种尝试包括了随着纺织业的发展而出现的其他类似的工业活动，比如纺纱、织布、制毡等。②

因需要大量用水，洗染店基本都出现在水源边或至少是水流边，而洗染店的存在通常使水流偏离既定的路线。此外，废水本来应该被导入专门的渠道——可能正因为如此，促使裁判官创设了“关于下水道的令状”(*interdictum de cloacis*)，约束使用者对下水道进行

① D. 39,3,1pr. 乌尔比安：《告示评注》第 53 卷：如果雨水将引起损害，可以通过排放雨水之诉来避开。我们将雨水定义为“从天空掉下并因暴雨而增大之水”。正如杜贝罗所说，这种来自天空之水或是单独引起损害，或是同别的水结合在一起引起损害。

② Cfr. Lucia Monaco, *Sensibilità Ambientali nel Diritto Romano, tra Prerogative dei Singoli e Bisogni della Collettività*, in *Teoria e Storia del Diritto Privato*, 2012 (5), p. 35.

维护和清理——但洗染业者发现直接将废水导入河流或相邻的土地中更为便利。这些废水严重损害农作物、牲畜、公共或邻人场所的健康。罗马法学家特雷巴求斯认真研究了洗衣店所从事的活动涉及的法律问题，特别考虑了三个方面：于水流边设立洗染店在相邻土地之间所产生的各种后果、工作设备中的水的质量、对受害私人主体可能的保护方式。[①] 在特雷巴求斯看来，如果损害是由洗染店使用的水源之水引起的，并且此等水被收集在一个唯一的渠道里（因此至少在理论上与雨水有关），可以提起排放雨水之诉（D. 39，3，3pr.）。[②] 这样一项原则在公元 2 世纪得到巩固。但在多数法学家看来，即使是“混合”（*mixta*）之水，也必须是“雨水”。因此虽然特雷巴求斯提议浴场之水也适用排放雨水之诉，乌尔比安则明确拒绝，因为他认为缺乏“雨水”这一要件（D. 39，3，3，1）。[③]

总之，通过对上述两个文本的解读，似乎可以推断出：特雷巴求斯倾向于将这种救济扩展适用于非雨水

---

① Cfr. Laura Solidoro Maruotti, *La Tutela dell'ambiente nella sua Evoluzione Storica: L'esperienza del Mondo Antico*, Torino: G. Giappichelli Editore, 2009, p. 63-65.

② D. 39，3，3pr. 乌尔比安：《告示评注》第 53 卷：据特雷巴求斯记载，某人在其土地上有一处水源，他在该水源边开了一家洗染店，并开始将（污）水排入邻地。他说，其邻居不能对他提起排放雨水之诉，但大多数人认为，如果他将水排入同一渠道（*conrivare*）或向其中排放污物，可以阻止他这么做。

③ D. 39，3，3，1. 乌尔比安：《告示评注》第 53 卷：特雷巴求斯还认为，如果某人因热水的流动而遭受损害，他可以对其邻居提起排放雨水之诉。这是不正确的，因为热水不是雨水。

侵害土地的情形,只要具备如下条件:洗染店向邻地排水给邻人带来特定的危险性。因此,为对抗污染的废水而进行的所有权保护的扩张,只在如下情形被允许:污水的排放是通过“排入同一渠道”(*conrivare*),即将污水排入另外一个雨水的渠道或至少是有雨水加入的渠道,从而导致通过某种活动有意改变了水的自然流动。

在实践层面,适用排放雨水之诉的好处是,它不仅意味着禁止将来的污染活动,①而且意味着赔偿已经造成的损害的义务,以及补偿所支出的费用和将场所恢复原状的义务。

(二)对下水道的维护

1. 关于下水道的令状

罗马的下水道系统由公共下水道和私人下水道组成,严格意义上的“关于下水道的令状”仅适用于私人下水道,广义上的此等令状还包括“关于公共下水道的令状”,其二者的区别在于,后者属于民众令状而前者为一般性令状。② 下文我们将在广义上来理解“下

---

① 也就是说,排放雨水之诉具有预防功能。这需要结合《十二表法》的规定和彭波尼的一则片段来理解:《十二表法》第 7 表第 8a 条中的措辞是“如果雨水造成损害……”,彭波尼在《普劳提评注》第 7 卷中提到对这一规定的解读:“古人是这样解释《十二表法》的‘如果雨水造成损害’这句话的,即‘如果雨水可能造成损害’”(D. 40,7,21pr.)。

② D. 43,23,1,3. 乌尔比安:《告示评注》第 71 卷:该令状适用于私人下水道,因为公共下水道应得到公共的关照。

水道”，[1]并因此在广义上来分析此等令状对下水道的保护机制。

“关于下水道的令状”旨在保障下水道的清理和修缮，它包括两项不同性质的命令，一者为禁止性的，“禁止对公共下水道做任何事或向其中投入任何物”；另一者为恢复原状性的，“如果你对公共下水道做某事或向其中投入某物，从而恶化或可能恶化其使用，你应当使之恢复原状”。[2] 通过这两种不同性质的命令，“裁判官关照到下水道的清理和修缮。此二者关涉到城市的环境健康（*salubritas*）与维系，因为下水道中充斥秽物，如果不（清理和）修缮，则意味着肮脏的空气和（建筑物的）毁损”（D. 43，23，1，2. 乌尔比安：《告示评注》第71卷）。如果考虑到我们在前文分析的下水道在古罗马的垃圾处理中所发挥的重要功能，那么此等令状非常重要。实际上，在裁判官创制的各种令状中，只有“关于下水道的令状”是为保护城市的“环境健康”（*salubritas*）而创设的，而在污染的情形下适用的关于公共场所的令状、关于公共道路的令状和关于河

---

① 实际上，乌尔比安是这样来界定下水道的：下水道是空凹之地，通过它，某些秽物得以流走（D. 43，23，1，4. 乌尔比安：《告示评注》第71卷）。

② D. 43，23，1，1. 乌尔比安：《告示评注》第71卷：在这个主题下，裁判官放置了两项令状，一者为禁止性的，另一者为恢复原状性的。首先（讨论的是）禁止性令状。D. 43，23，1，15. 乌尔比安：《告示评注》第71卷：裁判官又说：“如果你对公共下水道做某事或向其中投入某物，从而恶化或可能恶化其使用，你应当使之恢复原状。我还将发布一项令状，禁止（对公共下水道）做任何事或（向其中）投入任何物。”

流的令状等,最初都旨在保护公共物。①

虽然“关于下水道的令状”的主要程式体现为上述两种命令,但其蕴含的更具意义的内容是,禁止邻人阻止他人修缮或清理下水道:

D. 43,23,1pr. 乌尔比安:《告示评注》第71卷:裁判官说:“我禁止使用暴力阻止你清理或修缮系争的、从他的房子到达你的房子的下水道。对于因此等活动的瑕疵可能造成的任何损害,我将命令提供担保。”

由于下水道在罗马人生活中的重要性,在拉贝奥等法学家的努力下,该令状保护的适用范围被扩大。例如,“房屋”(*aedes*)一词的含义被拉贝奥扩大到位于建筑物周围区域的下水道,以及从城市建筑物流向郊区花园或田地的下水道,从而使该令状也适用于房屋之间的非建筑土地。②

在拉贝奥看来,对于某人想要将一个既存的下水道导入公共下水道的情形,也可以进行一种类似的扩大解释;此后彭波尼甚至将之扩大到在公共下水道新

---

① Cfr. Lucia Monaco, *Sensibilità Ambientali nel Diritto Romano, tra Prerogative dei Singoli e Bisogni della Collettività*, in *Teoria e Storia del Diritto Privato*, 2012 (5), p. 20.

② D. 43,23,1,8. 乌尔比安:《告示评注》第71卷:裁判官接着说到“从他的房子到达你的房子”。“房子”一词必须被理解为指代任何种类的建筑物,因此这句话意指“从他的建筑物到达你的建筑物”。拉贝奥进一步认为,如果房屋的另一边有一块空地,以及如果像他所说的,下水道将城市的建筑物引向相邻的土地,该令状同样适用。

建一个出口的情形。①

就像被魏努勒尤斯的一个片段所证实的，拉贝奥进一步认为可以将“修缮下水道的令状”扩大适用于建造新的下水道，这是因为这两种情形存在同样的利益。这种观点也为奥菲流斯和特雷巴求斯所赞同。②

随着对该令状之需求的进一步增加，关于下水道的令状中所包含的“禁止使用暴力阻止你清理或修缮系争的、从他的房子到达你的房子的下水道”（D.43,23,1pr）的适用范围及其限制引起法学家的广泛论争，这些论争被乌尔比安概括在其《告示评注》第71卷中（D.43,23,1,10–14），其中需要特别指出的是法学家法比尤斯·梅拉（Fabius Mela）的观点：

10：在裁判官说“到达”时，是指从他的房子到达你的房子之物，即“导向、延伸、抵达”。11：该令状既适用于下水道流经其房屋的紧挨的临近者，也适用于下水道流经其房屋的相距较远者。12：因此，法比尤

---

① D.43,23,1,9. 乌尔比安：《告示评注》第71卷：拉贝奥还认为，想要将其私人下水道导入公共下水道之人，必须保护他不受暴力侵犯。彭波尼写道，如果某人想要建造一个在公共下水道中拥有出口的（私人）下水道，不应阻止他。

② D.43,23,2. 魏努勒尤斯：《论令状》第1卷：虽然修缮下水道（而非建造新的下水道）已包含在该令状中，但拉贝奥说，还应有一项类似的令状，以对抗使用暴力阻止建造下水道，因为这涉及同样的（公共）利益：实际上，裁判官曾发布过此等令状，禁止使用暴力阻止在公地上建造下水道。这种观点也得到奥菲流斯和特雷巴求斯的赞同。拉贝奥还说，应当说，清理和修缮已经建造的下水道应为令状所允许，但建造新的下水道最终应得到公共道路保佐人的准许。

斯·梅拉写道,该令状使人可以为清理下水道而进入邻人的房屋并破开其地板。然而彭波尼写道,令人担忧的是,在此等情形,可能要就潜在损害达成要式口约。但如果他准备将为修缮下水道而必然造成的损害恢复原状,则不需要达成此等要式口约。13:如果某人在我清理或修缮下水道时向我发布新施工告令,这么说是最合适的:我可以无视该告令,并继续进行我已经开始的修缮。14:但他要就潜在损害承诺一项担保,以防其不当的行为造成损害。实际上,正如必须允许清理和修缮下水道一样,因此必须说,不得给他人的房屋造成损害。

因此,对梅拉来说,对于那些为了清理下水道而进入邻人的房屋并破开其地板之人,不能对其实施某些禁令。此后,彭波尼也持这种观点,在他看来,在此等情形,甚至不要求清理人提供潜在损害担保。这种观点也得到乌尔比安的认可,但他认为,邻人至少应表明其准备将造成的损害恢复原状,并且在任何情况下,他认为合适的做法是,清理人要对可能存在的施工瑕疵(*vitium operis*)提供担保(*cautio*),因为下水道的清理不能给他人的住所造成损害。

通过上述分析我们看到,在某种程度上,保障环境健康优先于个人利益,下水道的修缮或清理必须被允许,不得设置任何障碍,即使对可能“以暴力或欺瞒或容假的方式”使用下水道之人亦如此。换句话说,授予此等令状,除了相关的一般规定之外,从不需要存在占有的合法名义或存在与向下水道排放污物有关的合法名义。这一点被乌尔比安所证实，对于该条规范，他再一次提出的理由还是保护公共利益的需要：

D. 43,23,1,7. 乌尔比安：《告示评注》第 71 卷：由于清理和修缮下水道被认为关涉公共利益，因此已决定，不（在令状中）加入“如果未以暴力、又未以隐匿、也未以容假地从他人使用它”，从而即使某人在使用下水道时具有此等情势，也不能阻止他清理或修缮之，如果他愿意这样做的话。

最后，必须要指出，原始文献中引述的令状措辞中虽没有提到，但在授予此等令状时通常需要具备的一个要件是，已使用下水道一定期间（通常是前一年）。[①]

2. 新施工告令和保护不动产占有令状

对于下水道的维护，除“关于下水道的令状”外，作为补充性的制度，人们还想到通过“新施工告令”的各种限制来应对环境保护。这种告令是一种用来阻止实施可能损害他人权利的活动的措施，它的出现是为了给因邻人在自己或他人的土地上实施新工程而遭受损害的土地所有权人提供一种迅捷的保护，允许其对抗新工程的实施并且在某些情况下其还可以获得一项恢复性令状。但乌尔比安证实，此等告令的适用须受一项限制，即清理和修缮水渠和下水道的需要：

---

① Cfr. Francesco Fasolino, *Prime Considerazioni in tema di Tutela della Salubritas fra* Ⅲ *e* Ⅰ *Sec. A. C.*, in *Teoria e Storia del Diritto Privato*, 2010（3）, p. 10.

D. 39,1,5,11. 乌尔比安:《告示评注》第 52 卷:如果某人想要清理或修缮属于他的水渠或下水道,合适的做法是,不能向他发布新施工告令,因为清理水渠和下水道是公共健康(*salus*)与安全的利益之所在。

下水道系统的有效运作对于罗马人来说如此重要,这涉及公共健康与安全的需要,这种需要优先于个人的利益,因此允许下水道的修缮者可以继续完成对下水道或水渠中污物的清理或修缮,而无视其他人可能对他发出的告令。乌尔比安在另一则片段中再次强调了这一点:

D. 43,23,1,13. 乌尔比安:《告示评注》第 71 卷:如果某人在我清理或修缮下水道时向我发布新施工告令,这么说是最合适的:我可以无视该告令,并继续进行我已经开始的修缮。

此外,排除诉诸"新施工告令"的可能性,还被乌尔比安从严格的逻辑—形式的角度加以证成:

D. 43,21,3,8. 乌尔比安:《告示评注》第 70 卷:如果向正在修缮水渠之人发布新施工告令,合适的说辞是:他可以无视该告令。由于裁判官禁止在此等情形对他使用暴力,因此以新施工告令阻止他(修缮水渠)是荒唐的。但是,必须说,显然可以对他提起对物之诉:无疑,可以基于他无权修缮而对他提起原物返还诉。

乌尔比安认为,既然裁判官通过"关于下水道的令状"禁止对意欲实施必要修缮之人使用暴力,那么允许对修缮和清理下水道的活动发布“新施工告令”就是一种荒唐的矛盾。

此外，在这种大背景下，还要附加一条乌尔比安在 D. 43,17,1pr. 中提及的规定，根据该规定，不能针对实施下水道的修缮或清理之人授予“保护不动产占有令状”（很可能行使某种下水道役权之人也不能利用这种令状）。

D. 43,17,1pr. 乌尔比安：《告示评注》第 69 卷：裁判官说：“如果你不是通过暴力或欺瞒或容假地从对方获得系争房屋的占有，我禁止使用暴力剥夺你的占有。对于下水道，或者在超出财产价值之外，我将不会授予此等令状：我将允许自可以提起诉讼日起的 1 年内提起诉讼。”

该片段的前半部分涉及“保护不动产占有令状”的适用前提，后半部分则对其适用进行了一定限制，不能授予该令状给现实占有人以对抗正在修缮或清理下水道之人。

综上所述，笔者认为，通过对罗马法中有关下水道维护的法律制度的解读，我们看到罗马法学家如何在可能冲突的各种利益之间寻求平衡的惊艳艺术。在环境健康与个人利益冲突的情况下，公共利益与健康的保护要求邻人之间要相互容忍为清理和修缮下水道所必需的，并且因此旨在保护集体卫生的某些干预，从而通过在邻人间建立连带关系，实现了共同体利益的保护与满足。

五、河水的保护

(一)概述

我们首先来看一则老普林尼的论述:我们在箭头和铁器上涂抹一些有害物质,这些物质污染了河流和大自然的一些要素,因此我们将那些我们所赖以生存的东西变成了有害的。不要认为动物对这些有害物质一无所知,我们已经指出过它们在与蛇的斗争中所采取的一些预防措施,以及在被蛇伤到后所采取的一些治疗手段。然而除人类外,其他动物都不懂得使用别的动物的毒物进行斗争(《自然史》18,1,3)。

在上述片段中,老普林尼将人类与其他动物进行了对比,展示了人类是如何利用自身优势攫取大自然的各种资源的,谴责了人类的行为对河流造成的污染。[①] 那么罗马法中是如何对河流加以保护的呢?

对于河流的保护,根据其是公共河流还是私有河流曾大有不同。对于公共河流和私有河流的划分,除较大的常年河流和大湖外,水是公共的还是私人的取决于它所流动于其中的土地的法律地位。尤其是共和国中后期及至元首制初期,水资源的法律规则与土地所有人或占有人的利益联系更为紧密。通常情况下,

---

① 对该片段的进一步解读,参见 Antonio Mazzarino, *Un Testo Antico sull'inquinamento*, in *Helikon*, 1969-1970 (9-10), p. 644。

除较大的常年流淌的河流和湖泊外,位于公地(*ager publicus*)上的被认为是公共河流,位于私人土地上的以及位于被"百户区"(*centuriatio*)排除的空间上的不被认为是公共河流。

在元首制时期与帝国时期之间,关于水的归属和管理,发生了明显的"公法"转向。在罗马法学家将水进行类型划分的尝试中,流露出他们对于水为满足共同体的需要所具有的经济重要性的认识。① 他们首先将"河流"与"小溪"(*rivus*)进行了区分,②所依据的是客观的自然主义的标准——规模(*magnitudo*,底床的宽度、水流的大小、流经的路线),同时在长期被当地居民进行私人使用的情形下,诉诸"附近居民的观点"(*existimatio circumcolentium*),然后根据自然主义的标准——持久性(*perennitas*),区分了"终年流淌的河流"

---

① Cfr. Laura Solidoro Maruotti, *La Tutela dell'ambiente nella sua Evoluzione Storica: L'esperienza del Mondo Antico*, Torino: G. Giappichelli Editore, 2009, p. 69-70. 因此,我们在下文马上要谈到的罗马人对水的分类中体现出的对于水的经济重要性的认识,成为现代"水权"理念的源头。See Miguel Solanes and Fernando Gonzalez-Villarreal, *The Dublin Principles for Water as Reflected in a Comparative Assessment of Institutional and Legal Arrangements for Integrated Water Resources Management*, TAC Background Paper No. 3, Technical Advisory Committee, Global Water Partnership, Stockholm, 1999.

② D. 43,12,1,1. 乌尔比安:《告示评注》第68卷:河流,不论是按其规模还是按其附近居民的观点,都不同于小溪。

与“河水湍急的河流”;[1]再之后区分了“公有河流”与“私有河流”。公元3世纪,乌尔比安接受了为杰尔苏所赞同的卡修斯的观点,根据这种观点,公共河流被认为是河水终年流淌的河流。[2] 此外,乌尔比安明确指出,偶尔的干涸并不使其丧失“终年流淌”的属性(D. 43,12,1,2)。相反,河水湍急的河流,如果是产生于或流淌于私人土地上的话,则被归类为私有的。在元首制后期,产生于私人土地的地下矿脉之水,收集在蓄水池、水库或水井中的雨水以及落入位于私人土地上的池塘和沼泽地中的雨水,也被认为是私有的。少数的湖泊,如果因为它们的规模或它们公共使用的目的没有将它们认定为公水的话(D. 43,14,1,3-6),同样被认为是私水(D. 18,1,69)。

帝政时期以降的罗马法律出现的演变趋势是,扩大公水的范围。在这方面,马尔西安的观点极其重要,他在其《法学阶梯》中肯认了绝大部分水的公有性质:

D. 1,8,4,1. 马尔西安:《法学阶梯》第3卷:而几

---

① D. 43,12,1,2. 乌尔比安:《告示评注》第68卷:同样,一些河流是河水终年流淌的河流,另一些河流是河水湍急的河流。总是有水流动的河流是河水终年流淌的河流,希腊人称之为“阿厄纳沃斯”;河水湍急的河流即冬天流动的河流,被希腊人称为“克依玛罗乌斯”。但是另一方面,河水终年流淌的河流若是在某个夏天干涸了,它仍是河水终年流淌的河流。

② D. 43,12,1,3. 乌尔比安:《告示评注》第68卷:有些河流是公有的,另一些则不是。卡修斯将公有河流定义为河水终年流淌的河流。杰尔苏也赞同的卡修斯的这个定义,似乎是可以采纳的。

乎所有的河流和港口都是公有的。

在优士丁尼法中确立了一种更加集权的水制度，在当时确立了一项极端的原则：**一切河流和港口都是公共的**（I. 2,1,2[①]）。根据这项原则，确认了所有的臣民都享有在所有的港口和河流中的捕钓权：**因此，在港口和河流中的捕鱼权为一切人所共有。**

就河流保护的整体来看，对私有河流适用私人土地的诉讼救济：普通的占有令状、原物返还之诉、否定之诉；对于作为“罗马人民享有所有权的”的“公共物”之一的公共河流，出于公共利益及其可适航性（对于当时的贸易来说，水路运输非常重要）的考虑，则规定有专门的保护性令状，即产生于公元前 3 世纪的“关于公共河流的令状”（D. 43,12）。[②] 就后者而言，因元首制时期以后对“河流”和“小溪”的区分，该令状被扩称为“关于公共河流和小溪的令状”（*interdictum de fluminibus publicis et de rivis*）。

（二）关于公共河流和小溪的令状

众所周知，此等保护公共河流的令状最初目的是确保河流航行，它有两种类型：禁止性的和恢复原状性

---

① 本书所引优士丁尼《法学阶梯》的片段，其中译文皆参考了如下译本，下文不再逐一标注：[古罗马]优士丁尼：《法学阶梯》，徐国栋译，[意]阿贝特鲁奇、纪蔚民校，中国政法大学出版社 2005 年版。

② D. 43,12,1,4. 乌尔比安：《告示评注》第 68 卷：**该令状涉及公共河流，但不适用于私有河流，因为私有河流与属于私人的其他场地没有区别。**

的。禁止性的令状保留在 D. 43,13,1pr 中,以对抗向公共河流中或在河岸上排放有害物质或实施可能损害河流的适航性或可能改变其自然流向或河床的工程:裁判官说:“我禁止在公共河流中或其河岸上做任何事,或在公共河流中或其河岸上放任何物,如果因此使河水的流动不同于前一年夏天所流的话”;恢复原状性的令状保留在 D. 43,13,1,11 中,旨在移除已经实施的给他人造成损害的工程或排放:裁判官接着说道:“如果你将建造或放置在公共河流中或其河岸上的任何物进行占有,因此使河水的流动不同于前一年夏天所流,你要将一切恢复到其原先的状态。”①

为保护公共河流而创设的此等令状除保护对河流的一般性公共使用(航行、捕钓、洗涤、汲水)之外,还包括对引水设施的保护。对于在公共河流中建设的引水设施,只要不构成航行的障碍(充分考虑了河运在当时的重要性),裁判官可以授予令状保护(D. 39,3,10,2; D. 43,12,2)。

在共和末期以后,起初具有其他目的的法律工具被扩大适用于保护环境或健康,这种类似的倾向也发生在河水领域:其一,拉贝奥将“关于公共河流的令

---

① 就像塔西佗教导的,对于河流,必须尊重它们,因为它们来源于自然:“为了人类的利益,大自然给每一条河流安排了它们的适当的河口、适当的河道、适当的起讫界限。”参见[古罗马]塔西佗:《编年史》(上册),王以铸、崔妙因译,商务印书馆 1997 年版,第 66 页。

状”扩大适用于包括公共河流和私有河流在内的任何河流;[①]其二,此等令状当然不再局限于最初的航行利益。乌尔比安遵循拉贝奥的观点,认为它可以适用于任何类型的河流,无论其是否可以航行。[②] 通过授予此等程序性救济,裁判官旨在禁止任何可能使水流改变的行为。

值得注意的是,在乌尔比安对告示的评注中,经常出现“邻人的不便”(*incommoda accolentium*)。[③] 这给我们留下的印象是,此等令状好像仅局限于邻人利益的保护。我们再一次发现,令状直接保护的只是(沿岸土地)所有人(或占有人)的利益,在与河流有关的令状中,必须确保他们能够继续从河流中获得与其特殊的地理位置有关的利益,比如取水灌溉田地、通过河流进入田地等。[④] 但拉贝奥已经表现出对河流环境及其维护的关注。在 D. 43,12,1,12 中,乌尔比安实际上向我们转述了拉贝奥的思想,在拉贝奥看来:

---

① Cfr. Lucia Monaco, *Sensibilità Ambientali nel Diritto Romano*, *tra Prerogative dei Singoli e Bisogni della Collettività*, in *Teoria e Storia del Diritto Privato*, 2012 (5), p. 21.

② D. 43,12,1,18. 乌尔比安:《告示评注》第 68 卷:对于即便不适航的公共河流,拉贝奥认为适用同样的规则;D. 43,13,1,2。乌尔比安:《告示评注》第 68 卷:这适用于公共河流,无论其是否可以航行。

③ 比如 D. 43,8,2,16; D. 43,13,1,3; D. 43,13,1,6;等等。

④ Cfr. Francesco Fasolino, *Prime Considerazioni in tema di Tutela della Salubritas fra* Ⅲ *e* Ⅰ *Sec. A. C.*, in *Teoria e Storia del Diritto Privato*, 2010 (3), p. 25.

如下做法并非不公正：如果对不可以航行的河流做某事，因此可能使河流干涸或妨碍水的流动的，应授予此等令状，“不得使用暴力阻止移动或拆除建造在河床或河岸上但干扰了河水流动的工作物（*opus*），也不得使用暴力阻止符合正直之人标准的对河道的清理和恢复原状”。

拉贝奥建议将“在公共河流中或其河岸上做某事从而有损航行的令状”扩大使用，以对抗可能使河流干涸或妨碍水的流动的行为，不考虑其是否可以航行。不难看出，该令状的用语涉及的情形十分广泛，包含众多可能损害河流的形式，因此，对于河床或河岸上的工作物，不考虑其必要性，只考虑其是否妨碍河水流动。

最后，我们不要忘了这种令状的“民众令状的性质”，[①]很可能的是，在平衡各种利益时，裁判官在评估了如果授予令状将给某个具体的人带来的利弊之后，最终决定优先保护直接受害人即邻人的利益。

（三）对私有河水的规制

前文我们提到，乌尔比安引述拉贝奥阐述的观点，认为活水是土地的一部分（D. 43，24，11pr）。因此，在河流被“公有化”之前，对私有河流的保护适用关于私人土地的诉讼救济：

---

① D. 43，13，1，9. 乌尔比安：《告示评注》第68卷：该令状对人民中的任何人来说皆可用，但它不能针对任何人，只能针对那些改变正常水流但无权这样做之人。

D. 43, 12, 1, 10. 乌尔比安：《告示评注》第 68 卷：……对于在私人河流中所做之事，就与在私人的其他物中所做之事一样。

对于私有河流，私人可以根据自己的意愿随意使用。但随着时间推移，私人对水的使用及相关设施的建设也逐渐受到一定约束。最古老的限制是前文提到的起源于十人委员会时期的排放雨水之诉，此后，监察官和市政官、①裁判官、②"水保佐人"③等也先后介入，对有关私人所有权人之间的关系的规则进行了某些修改，特别是在"相邻关系"的范围内，强调了对水的更加合理的管理和使用，以符合农业生产和经济的一般利益。④

六、海水的保护

在罗马法原始文献中并没有一般性的涉及海水保护的片段，因为在罗马人看来，大海以及海岸属于"一切人共有的物"的范畴，是被排除于令状保护之外的。后来，在法学家拉贝奥、阿里斯托和乌尔比安的努力下，"关于公共河流的令状"和"关于公共场所的令状"

① 参见弗朗蒂努斯：《罗马水道考》2, 95；李维：《罗马史》39, 4, 4。

② D. 43, 15（"关于加固河岸的令状"）。

③ 前文已述，这是一种最早由奥古斯都设立的职官，负责水的定期供应、下水道以及河岸的定期维护和清理、河流特别是台伯河的维护等事务。

④ Cfr. Laura Solidoro Maruotti, *La Tutela dell'ambiente nella sua Evoluzione Storica*: *L'esperienza del Mondo Antico*, Torino: G. Giappichelli Editore, 2009, p. 73.

以扩用的方式适用于大海和海岸:

D. 43,12,1,17. 乌尔比安:《告示评注》第 68 卷:如果在海中做某事,拉贝奥说,将适用下列令状:"不得在海中或海岸上做某事物,从而影响海港、停泊或航运通道。"

D. 43,8,2,7-8. 乌尔比安:《告示评注》第 68 卷:如果有人想要修缮其位于公共场所之物,阿里斯托说,将是求诸该令状("关于公共场所的令状")的正当理由,以阻止他进行修缮。针对在海上建造建筑物的人,可能遭受损害的人有权使用扩用令状,但若无人遭受损害,在海岸或海上建筑的人应得到保护。[1]

除此之外,很难在原始文献中找到其他关于海水保护的相关论述,这一主题似乎在裁判官的兴趣之外。但有一个值得注意的片段:若自船上抛掷某物,则应通过扩用之诉的方式对船舶的船长适用倒泼或投掷之诉(D. 9,3,6,3. 保罗:《告示评注》第 19 卷)。[2] 有学者通过对该片段的还原,认为它调整的是船舶停靠在港口时,船员从船中向外抛洒某物造成污染的情形。[3] 即便此解读正确,它调整的范围也非常狭窄,不影响我们得出海水不在罗马法的保护范围之内的一般性结论。

---

① [意]桑德罗·斯契巴尼选编:《物与物权》,范怀俊译,中国政法大学出版社 1999 年版,第 10 页。

② 本书所引优士丁尼《学说汇纂》第 9 卷的片段,其中译文皆参考了如下译本,下文不再逐一标注:[古罗马]优士丁尼:《学说汇纂》(第 9 卷:私犯、准私犯与不法行为之诉),米健、李钧译,[意]纪蔚民校,中国政法大学出版社 2012 年版。

③ Cfr. Mario Fiorentini, *Precedenti di Diritto Ambientale a Roma? I. La Contaminazione delle Acque*, in *Index*, 2006 (34), p. 374.

第三章　环境要素的罗马法处遇：森林与矿产*

罗马人虽然并不具有一般意义上的环境保护意识，但是面对环境要素的破坏所带来的直观感受，某些敏锐者仍然试图从法律上予以适当规制。通过裁判官与法学家的互动，罗马人构造了一系列保护空气和水的法律规则体系。但在森林和矿产的法律保护上，罗马人似乎没有展现出同样的智慧，对环境问题的某种模糊感知并未转化为立法者和法学家的相应制度建构。罗马人选择了为经济利益而舍弃其他，因此对这两种自然资源的过度开发在法律上没有进行有效的干预。无节制的森林砍伐以及因之带来的水土流失和利益诱导下的矿产过度开采，都在某种程度上造成了一些加速罗马帝国不断衰落的问题，成为罗马帝国走向衰亡的重要促因。

---

* 本章的主体内容发表于《华侨大学学报》（哲学社会科学版）2018 年第 2 期。

第一节　导　　言

非常流行的一种观点认为,生态损害是一个完全现代的现象,古人没有这样的体验和问题。实际上,这种观点只在如下意义上是成立的:当今时代,工业化的大规模生产导致环境遭到不可逆的严重破坏,自然资源逐渐枯竭,各种难以降解的化学废弃物的排放给土地、空气和水等环境要素带来灾难性影响。但是,一般性地认为古人没有遇到或者无视生态问题,则可能失之武断。[①] 就古罗马社会而言,虽然我们不能否认,古人的确不太可能具有一般意义上的生态意识或环境保护意识,比如执政官在做出建设一条水道的指示时,考虑的只是向城市提供饮用水,至于可能对流域生态系统产生的影响,则未曾虑及;市政官在许可骑士团体于某流域进行树木砍伐时,也不会考虑水道中的水质或水流是否会因此受到影响;市政官在命令将北非的狮子都运往罗马的竞技场时,在其脑海中并没有闪过这样的念头——没有了食肉动物,野山羊可能会啃光撒哈拉沙漠边缘山坡上覆盖的植被。[②] 但是出于对环境

① Cfr. Antonio Mazzarino, *Un Testo Antico sull'inquinamento*, in *Helikon*, 1969-1970 (9-10), p. 643.

② J. Donald Hughes and J. V. Thirgood, *Deforestation*, *Erosion*, *and Forest Management in Ancient Greece and Rome*, in Journal of Forest History, 1982, 26 (2), p. 74.

恶化的直观感受，罗马人也的确建构了一些即便治标不治本，但在结果上有助于环境保护的一系列法律工具。尤其是自共和中后期开始，随着对外扩张步伐的不断加大，罗马人面临各种与人口剧增、生产方式改变和城市化现象相关的生态问题，就此开启了对改善自然生态的早期反思，并最终落实为一系列促进环境保护的法律工具之创设，从而形成了萌芽性的罗马环境法。

这种萌芽性的环境法主要体现在对损害生态行为的各种法律干预。我们知道，生态损害的表现形态主要是环境污染和资源破坏。在古罗马，虽然没有现代工业生产带来的环境污染问题，但战争、耕地扩张甚至手工业等对森林、矿产等资源的过度使用和破坏导致的生态损害则是客观存在的，而最早期影响环境的主要因素很可能就是过度的开采活动，即导致环境贫瘠的资源开发，例如森林砍伐和无节制的矿产开采。但是资源的过度开发最开始并非像今天一样出于生产目的，而是为了改善当时较差的生活条件，随着时间的推移，后来还包括为了增进个人或国家的财富。另外，罗马人并不担忧对自然资源的过度开发可能会造成生活环境的损害，因为他们深信自然资源不可穷尽的神话。尽管如此，共和末期以来，在古罗马的文化和法律中，逐渐产生了一种真正意义上的保护传统形式的农牧经济的思想，以及因此而产生的对不适当的攫取自然资源的反思。①

罗马人隐约意识到的对环境要素(空气、水、森林、矿产等)的保护及其可能不太成熟的法律经验,或许仍有可资今人反思甚至借鉴之处。在对具体的环境要素的法律保护上,我们在前一章研究了罗马人对待空气与水的法律态度,在此我们将目光投向另外两种环境要素在罗马法中的境遇:森林(或更为一般意义上的树木)与矿产。

第二节　森林的砍伐与保护

一、树木的功用与森林砍伐

罗马人充分认识到了树木所蕴藏的在生活、生产、城市建设和军事等方面的重要价值。在罗马人的生活中,树木是可以被用于多种目的常见的材料,以至于在拉丁语中,罗马人以表征一般性的物质或材料的"materia"一词来指代树木。因此也不难想象,在地中海盆地的贸易中,木材和其他林产品是最常见的贸易客体之一。但树木对古人和今人所具有的意义不尽相同,对罗马人来说,树木主要具有如下功用:

1. 燃料。木料及其碳化物(木炭)是罗马人生活

---

① Cfr. Laura Solidoro Maruotti, *La Tutela dell'ambiente nella sua Evoluzione Storica*: *L'esperienza del Mondo Antico*, Torino: G. Giappichelli Editore, 2009, p. 43-44.

中的主要燃料,将近 90%的木材被用于该目的。[①]

2. 建筑材料。城市需要木料来建造房屋和各种公共建筑,比如庙宇、剧场和会堂。古希腊地理学家和历史学家斯特拉博(Strabo)在其《地理学》5,1,7 中提到,拉文纳就是一座完全建在木桩上的城市。[②] 即使在后来开始使用砖石来进行建设的时代,建筑物的梁椽、门窗和屋顶的瓦板,以及建筑用的脚手架等也是木质的。

3. 生活用品。软木、沥青、焦油、燃料、雪松油、制作清漆的树脂、防腐剂、香料、药物、蜂蜡、蜂蜜、果仁、菌菇等,在罗马人的生活中都是重要的林产品,也是商业贸易中的畅销品,尤其是树脂。实际上,卡拉布里亚的树脂备受追捧,经常被用来加工盛酒的器皿,以及用于各种医疗活动。[③] 因此,树脂贸易的业务量非常大,并产生了大量的相关纠纷。根据西塞罗的描述,公元前 138 年,在锡拉(Sila)森林里甚至发生了一场对"名人"的屠杀,对此,很多奴隶和自由人被控告,这些被控告者从监察官那里承包了树脂的提取活动。后来包

---

① J. Donald Hughes and J. V. Thirgood, *Deforestation, Erosion, and Forest Management in Ancient Greece and Rome*, in Journal of Forest History, 1982, 26 (2), p. 61.

② 参见[古希腊]斯特拉博:《地理学》(上),李铁匠译,上海三联书店 2014 年版,第 297 页。

③ 参见普林尼:《自然史》14, 25, 127;24, 24, 40。

税人被免予起诉。[①]

4. 农业用品。农业用具比如斧子、锯子的制作也离不开木材。此外,大量树木还被烧掉,其灰烬被埋于地下用作肥料。

5. 战争材料。舰船、战车、攻城槌和其他攻城器械,以及城墙防御时所用的树干,都离不开木材。装备航行船队更是需要大量的木材:根据老普林尼在《自然史》16,74,192 中的记载,公元前 256 年,在一次与迦太基人的海战中使用了 160 艘舰船,在此后的一场海战中则使用了 330 艘舰船。可以想象,为了建造如此多的舰船,罗马士兵在森林中昼夜砍伐的忙碌情景。除了用于战争材料外,罗马人还将树木作为战争中的一种战略战术工具——通过火烧或砍伐树林使敌军陷入危难境地。李维在《罗马史》22,11,4 和 23,32,14-15 中详细描述了罗马人惯常使用的"火烧土地"战略给意大利众多区域的自然生态造成的系统性破坏。他提到:费边(Quintus Fabius Maximus,约公元前 280—公元前 203 年)[②]下令未设防的罗马当地的居民,焚烧掉所有的植物,以便敌人汉尼拔的军队缺乏食物供应。由此可见,在公元前 3 世纪,"火烧土地"的策略甚至

---

① Cfr. Laura Solidoro Maruotti, *La Tutela dell'ambiente nella sua Evoluzione Storica: L'esperienza del Mondo Antico*, Torino: G. Giappichelli Editore, 2009, p. 56-57.

② 费边系古罗马将军和政治家,在第二次布匿战争中以拖延战略最终战胜迦太基。

被罗马人用于自己的领土。

正因为树木具有如此重要的功用，因此树木砍伐现象司空见惯。尤其是共和中后期，随着城镇化的不断推进，森林不断被圈入城镇，这些林地区域在城镇化运动中逐渐消失，其曾经存在过的痕迹只能通过建立在之上的城镇的名字显示出来。老普林尼在《自然史》中提到，罗马的很多地方都是以树来命名的，这表明了此等地区先前曾是林地。[①]

森林砍伐的另一个主要原因是清理土地以进行农业耕作的需要。农业的逐渐扩张改变了耕地上的树木和草地，尤其是罗马的殖民地开发极大改变了土地的状态，过去长满树丛的土地被改造以适于耕种，林地很快就失去了连续性。卢克莱修的一组诗歌对此有所描述："他们一天一天地迫使树林向山顶撤退，让出下面的地方给他们来耕种，以便他们在平野和丘地上能够有草地、水池、沟渠、庄稼和快乐的葡萄园。"[②]除了农业活动，畜牧活动也大大破坏了树林的可持续生存。

此外，不应该低估战争本身对森林造成的巨大破坏。作为至今仍保存完好的古罗马建筑之一，如今依然矗立在罗马图拉真广场上的图拉真凯旋柱，其柱身上环绕的 23 圈大理石饰带浮雕记载了图拉真征服达契亚的场景，其中与树木有关者众多。浮雕上共刻画

---

① 参见［古罗马］普林尼：《自然史》15，40，138；16，15，37。

② ［古罗马］卢克莱修：《物性论》，方书春译，商务印书馆 1981 年版，第 345～346 页。

了 200 多棵生长于葱郁的达契亚森林中的树木，其大部分树木的品种可辨，最多的是橡树，除此之外还有一些松柏和橄榄树。这些树木或独自矗立着，或三五成群，更多的则是被砍倒在地。有些画面中士兵在挥舞着斧子砍伐树木为罗马军队开路，一些则作为原木运走，用于制造各种船只、营地、堡垒和防御工事，如弩炮、攻城槌和烽火台等。画面中出现的多座浮桥也暗示了对原木的巨大消耗。这些数量庞大的军用木材由专门支持军需的一队海员负责，正如浮雕中所展示的一样，他们跟随精于伐木的工人一起在森林中作业。这样大规模的砍伐无疑对地表产生了重大影响。最后的几幅浮雕正刻画了达契亚北部森林从郁郁葱葱过渡到遍地荒芜的景象：起初画面中有湖有水，树木茂盛，动物繁多；紧接着出现的画面中，几只牛羊围着仅存的一棵树在觅食，而树枝早已被砍光，只剩下几片孤零零的树叶而已。[1]

二、森林砍伐的影响

作为一种客观结果，火烧土地的战争策略和前文提到的对树木的无节制砍伐对生态系统的平衡产生严重影响。森林砍伐带来的最通常的影响是没有树木对雨水的固定和吸收所导致的水土流失以及水的供应不

---

① 参见［美］J. 唐纳德·休斯：《世界环境史——人类在地球生命中的角色转变》，赵长凤、王宁、张爱萍译，电子工业出版社 2014 年版，第 81 页。

足。没有了树木对降雨的吸收和抑制，使得洪水频发，例如自公元前3世纪以来，台伯河泛滥次数逐渐增加（有记录的第一次泛滥发生在公元前241年）。不断的森林砍伐还带来其他严重的水文地质问题，比如经常发生的水道改道。[①] 森林砍伐带来的另一个不利后果是土地的盐化，农业生产也因此遭创，粮食和其他农作物产量逐渐萎缩。森林砍伐还导致运输成本增加，因为在主要的造船中心附近很难再找到好的造船木料，商人们必须走更远的路去寻找可以交易的木材。[②]

但是作为一种影响生态环境的重要因子，森林所具有的环境价值，罗马人尚没有明确的认识，尤其是对于不受控制的森林砍伐与水土流失之间的因果关系，罗马人的态度是摇摆不定的：对于希腊植物学家泰奥弗拉斯图斯（Theophrastus，约公元前372年至公元前287年）建立的森林砍伐与洪灾之间的关联，塞内加（Lucius Annaeus Seneca，约公元前4年至公元65年）表示怀疑，而老普林尼转述并证实了泰奥弗拉斯图斯的描述，他的论据是，实际上森林能保持水分，对于倾

---

① 参见[古罗马]塔西佗：《编年史》（上册），王以铸、崔妙因译，商务印书馆1997年版，第63页。

② J. Donald Hughes and J. V. Thirgood, *Deforestation, Erosion, and Forest Management in Ancient Greece and Rome*, in Journal of Forest History, 1982, 26 (2), p. 67-69.

盆大雨能够进行调控和分配。[①] 因此,在一定程度上,古罗马人是知道森林对于生态系统的平衡所具有的重要性的,但是只有极少的罗马人才有这种认识,更多的罗马人是站在财产或经济价值的角度,而不是环境利益的角度来认识森林和树木所具有的重要性的。对于森林破坏所带来的上述种种不利后果,罗马人并没有意识到它们与生态破坏之间的关联,但我们以今人的眼光来审视,不难发现,这些都是罗马帝国在几百年后走向衰亡的草蛇灰线。

虽然对作为一种环境要素的森林和树木,罗马人并没有明确的认知,但是考虑到它们所蕴含的重要经济价值,对于树木和森林砍伐,罗马人并没有一味听之任之,他们也在法律上采取了一定的规制措施,但是因其归属主体的不同,私人树木和公共树木在法律上的处遇迥然有别。

三、对私人树木的法律保护

在现代的法律理念中,即使树木是私人的,出于对环境破坏的忧虑,在不触及私人所有权之根基的前提下,对它们的砍伐也会进行一定的限制。但在古罗马人眼里,这种对私人使用之物的限制似乎并不存在,每

① Cfr. Laura Solidoro Maruotti, *La Tutela dell'ambiente nella sua Evoluzione Storica*: *L'esperienza del Mondo Antico*, Torino: G. Giappichelli Editore, 2009, p. 55.

个人都可以任意地砍伐其树木，任何其他人都不会对此进行哪怕最小程度的干预，立法者、裁判官和法学家也都对此保持沉默。对私人树木的保护，是在私人财产的一般性保护的范畴内，委诸所有人来进行的。[①]

对私人所有的树木的法律保护措施可追溯到《十二表法》，该法第 8 表第 11 条规定：“不法砍伐他人树木的，每棵判处 25 阿斯的罚金。”[②]在《十二表法》有关不法砍伐他人树木的处罚性规定之后所引入的是“盗伐树木之诉”（*actio arborum furtim caesarum*）。根据此等诉讼，对被告最初可处以《十二表法》所规定的 25 阿斯的罚金，后来该诉被改为双倍罚金之诉，即按照被盗伐树木的价值对被告加倍处以罚金。[③] 除此之外，“盗窃之诉”“阿奎流斯法之诉”和“制止暴力或欺瞒令状”也适用于盗伐树木的情形。在上述各种诉讼和令状的范围内，对私人树木的保护形成了如下法律框架：

首先是树木的范围。其一，除通常的树木外，常春藤和芦苇也被纳入树木的范畴；[④]其二，如果树木尚且

---

① Cfr. Mario Fiorentini, *Precedenti di Diritto Ambientale a Roma? II. La Tutela Boschiva*, in *Index*, 2007 (35), p. 327-328.

② 徐国栋等译：《〈十二表法〉新译本》，载《河北法学》2005 年第 11 期。

③ 参见黄风编著：《罗马法词典》，法律出版社 2002 年版，第 6 页。

④ D. 47,7,3,1. 乌尔比安：《告示评注》第 42 卷：常春藤和芦苇被称为树木，并非不当。

只是幼苗，则不被视为树木，[①]但橄榄树的幼苗除外。[②]

其次是盗伐不成熟的树木的法律责任。对此，罗马法学家有不同的观点，在杰尔苏看来，任何人砍伐不成熟的树木的，将根据“制止暴力或欺瞒令状”承担责任；[③]而根据乌尔比安转述的奥克塔维努斯（Octavenus）的观点，如果在树木尚未成熟时砍伐它，则依《阿奎流斯法》承担责任。[④]

最后是盗伐成熟的树木的法律责任。如果盗伐的是成熟的树木，保罗转述拉贝奥的观点，认为同时存在《阿奎流斯法》之诉和《十二表法》规定的诉讼；[⑤]盖尤斯认为同时还存在一项盗窃之诉；[⑥]奥克塔维努斯则认为，只有盗伐的是未成熟的树木时，才存在《阿奎流斯法》之诉，如果盗伐的是成熟的树木，则依盗窃之诉

---

① D.47,7,4. 盖尤斯：《十二表法评注》第1卷：当然毋庸置疑，如果它还如此幼小，像一棵小草，则不应被包括在树木的数量中。

② D.47,7,3,7. 乌尔比安：《告示评注》第42卷：橄榄树的幼苗应被视为树木，不管它是否长出树根。

③ D.43,24,18pr. 杰尔苏：《学说汇纂》第25卷：任何人砍伐不成熟的树木的，将根据“制止暴力或欺瞒令状”承担责任……

④ D.9,2,27,26. 乌尔比安：《告示评注》第18卷：关于定期砍伐的树木，奥克塔维努斯认为，如果有人在树木尚未成熟时砍伐它，那么他依《阿奎流斯法》承担责任；如果在树木成熟时毁掉它，则依盗窃和盗伐树木承担责任。

⑤ D.47,7,1. 保罗：《萨宾评注》第9卷：如果树木被盗伐，拉贝奥说，应当授予阿奎流斯法诉权以及《十二表法》规定的诉权。但特雷巴求斯认为，应当以如下方式授予这两种诉权，即法官在第二个诉讼中应当扣除在第一个诉讼中已涵盖的数额，就余额作出判罚。

⑥ D.47,7,2. 盖尤斯：《十二表法评注》第1卷：还要知道的是，砍伐树木尤其是葡萄树者，也被视为盗窃者进行处罚。

和盗伐树木之诉承担责任(D.9,2,27,26)。撇开法学家的争议不谈,从上述片段中可以看出,砍伐者之所以要对砍伐树木的行为承担责任,不在于其对森林或环境造成了破坏,而在于其对所有人造成了损害。也就是说,其视角仍然是私人财产:无论是《十二表法》第8表第11条的规定,还是盗伐树木之诉和《阿奎流斯法》对盗伐树木的制裁,抑或盗窃之诉,所针对的是侵犯所有人财产的行为,而不是针对侵害森林或环境的行为。[①]

四、对公共树木的法律保护

对于树木和树林的保护,如果它们属于私人所有,则如同其他私人财产受到保护;如果不属于任何个人,在一定程度上防止森林砍伐的实践是在宗教的范畴内对"圣林"的保护。从古时起,大片的非私人所有的树林就被罗马人划定为圣林(经常是各种联盟的所在地)。[②] 圣林最初是一些原始树林,后来也包括人工栽植的树林,无论如何,它们都受到虔诚地献祭并受到法

---

① Cfr. Mario Fiorentini, *Precedenti di Diritto Ambientale a Roma? II. La Tutela Boschiva*, in *Index*, 2007 (35), p. 333-334.

② 除了"圣林",某些特殊的树种还被划定为献给诸神的"圣树","圣树"受到与"圣林"同样的保护。如本书第一章所述,老普林尼在《自然史》12,2,3中为我们提供了一个圣树的清单:圣栎(橡树)、月桂树、橄榄树、爱神木(桃金娘)和杨树。他认为森林曾经是众神居住的地方,不同种类的树木献给它们各自的神祇,包括献给朱庇特的圣栎、献给阿波罗的月桂树、献给密涅瓦的橄榄树、献给维纳斯的爱神木和献给赫拉克勒斯的杨树。

律的保护。为了不激怒神灵，罗马法禁止侵犯圣林。阻止侵犯圣林的规则有很多，虽然各地的规则有所差异，但几乎任何导致环境改变的行为都被禁止，比如禁止在圣林中砍伐、犁地或捕杀动物。① 砍伐圣树、弄断或砍削圣树的树枝以及在圣林中生火的行为也将受到严厉制裁。此外，将死亡的圣树移出树林和打落树叶用于草料的行为也被禁止。同样被禁止的行为还有：在森林中耕地和种植谷物。在某些圣林中，还不允许带入铁器，比如斧子和锯。一般情况下，除非用于献祭，任何动物也不能被带入圣林。② 对宗教事务享有管辖权的地方长官负责圣林的保护。违反上述禁令者，除金钱处罚外，还可能受到其他处罚，比如祈祷、献祭和恢复原状。无论如何，对死亡的圣树进行补植是阿尔瓦祭司团(Arval Brethren)③特别要求的一项宗教义务。④

虽然如此，对圣林的砍伐和各种利用并没有因此

① 参见[美]J. 唐纳德·休斯：《世界环境史——人类在地球生命中的角色转变》，赵长凤、王宁、张爱萍译，电子工业出版社 2014 年版，第 82 页。

② See J. Donald Hughes and J. V. Thirgood, *Deforestation, Erosion, and Forest Management in Ancient Greece and Rome*, in Journal of Forest History, 1982, 26 (2), p. 71.

③ 阿尔瓦祭司团是一个据说由罗马城的建立者罗慕路斯创设的古老的祭司组织，由十二位德高望重的祭司组成，他们负责年度祭祀，祈求众神赐予人间丰收。

④ See J. Donald Hughes and J. V. Thirgood, *Deforestation, Erosion, and Forest Management in Ancient Greece and Rome*, in Journal of Forest History, 1982, 26 (2), p. 72.

而杜绝,随着时间的推移,上述制裁不断丧失威力,对圣林的砍伐和其他利用屡见不鲜,甚至出于经济收益的考虑,政府还积极参与其中。为获得上帝对于在圣林中砍伐树木或耕作土地的许可,老加图建议献祭一头猪并进行祈祷:

应按罗马习惯以下属方法修剪丛林:要奉献猪以赎罪,并这样说:“如果你是此圣地所归属的神或女神,那么,为修剪此圣地献猪于你以赎罪,就是应该的了。为此,或者是我,或者是奉我吩咐的其他某人献祭,但愿它举行得合宜,为此,我在献猪以赎罪时,虔诚地恳求你:请怜悯我,我的家庭,仆人和我的子孙:为此,请你享受理应献给你的这个赎罪之祭品。”

如果你要耕地,要以同样方式奉献赎罪供品,要添上下面的话:“为完成此项工作而奉献。”耕地期间,每日都要在所耕土地的某一地方举行这一仪式。如果你误了一天,或者如果在此期间有国家的或家庭的节日插入,就要另献赎罪祭品。①

完全出于宗教目的而在圣林中砍伐树木也是允许的,比如建造神庙;人口密集地区附近的圣林也被用于很多其他在今天看来并非宗教性的目的,比如建造浴场、竞技场、体育场、学校和医院等,这些设施在古罗马人眼中都具有宗教目的;圣林还被用于其他很难说是

① [古罗马]M. P. 加图:《农业志》,马香雪、王阁森译,商务印书馆 1986 年版,第 63 页。

宗教性的目的，比如圣林经常被出租给私人企业主。尤文纳里斯在其《讽刺诗》3，13－16 中抱怨，在罗马，圣林被出租给非法占用的外邦人。①

尽管有这些宗教或规范性的告诫和禁令，冒失的树木采伐仍然持续，即使会损害圣树，因为树木采伐事关公共工程的实现、建设活动的需要、造船活动的需要、浴场设施的加热，等等。为了国家需要而进行的森林砍伐事件，令人想起公元前 37 年阿格里帕（Marcus Vipsanius Agrippa，屋大维的追随者）在一个海军基地对卢克里诺（Lucrino）湖的改造：为了对与庞培的舰队交战的海军提供庇护，建造了尤流斯港（*portus Iulius*），从而使卢克里诺湖与阿韦尔诺（Averno）湖连接了起来。该港口的建造不仅破坏了湖泊（该湖是献给冥神的），而且推倒了周围的圣树。斯特拉博颂扬这项工程，认为它的建设是理性和务实的，正是由于它的建设，黑暗且难以接近的森林被消灭掉，这些森林先前是被用来举行迷信仪式的。但在罗马人看来，对自然环境的这种改变引起了宗教性的担忧：后期的拉丁语法学家塞尔维尤斯·达捏里努斯（Servius Danielinus）记载到，在尤流斯港建造期间，发生了可怕的暴风雨，伴

① See J. Donald Hughes and J. V. Thirgood, *Deforestation, Erosion, and Forest Management in Ancient Greece and Rome*, in Journal of Forest History, 1982, 26 (2), p. 72.

随各种怪事，因此祭司进行了净化仪式，以平息神的愤怒。[①]

在后基督教时代，由于对有关宗教信仰的镇压，“圣林”逐渐消失。[②] 公地上的树林、无人占有的林地和罗马征服的行省的林地，全被纳入公有的范畴。对于此等树林的采伐，在古罗马经常发生的是，为了获得更多财政收入，政府将对公地上的树木的采伐权进行出租，鼓励私人进行开发，甚至直接将公共林地售与或授予私人或团体。当时将大片林地出租给骑士团体进行开发，是常有的事。在帝国晚期，有证据表明，属于皇帝的林地通常出售给私人，后者在缴纳一定税款或提供其他服务（比如供应木材、木炭、制造武器的木料等）后可以将土地上的树木清除。[③] 政府以此等方式鼓励砍伐森林时，他们并非全然不知这么做会带来的不利后果，但是经济利益最终占据上风。不过在将树木的采伐权出租或授予私人时，政府通常也会附加一些限制性的条款和补植的义务。

---

① Cfr. Laura Solidoro Maruotti, *La Tutela dell'ambiente nella sua Evoluzione Storica: L'esperienza del Mondo Antico*, Torino: G. Giappichelli Editore, 2009, p. 55-56.

② Lucia Monaco, *Sensibilità Ambientali nel Diritto Romano, tra Prerogative dei Singoli e Bisogni della Collettività*, in *Teoria e Storia del Diritto Privato*, 2012 (5), p. 7.

③ J. Donald Hughes and J. V. Thirgood, *Deforestation, Erosion, and Forest Management in Ancient Greece and Rome*, in Journal of Forest History, 1982, 26 (2), p. 72-73.

五、小结

总之,古罗马人对森林砍伐的法律干预缺乏有机和明确。在古罗马的法律制度中,对于作为“环境要素”的森林缺乏关注,而对于作为“私人财产”的树木被侵犯的情形,虽然存在诸多法律救济渠道,但其目的绝非在于维护森林的覆盖率或生态的可持续性,而是出于对私人财产的一般保护。对于公有树木,虽然早期在宗教法的范畴内得到一定程度的保护,但是在罗马史的整体进程中,大体上的情况是:出于经济利益的考虑,在支付一定金钱的基础上,任何个人或团体都可以随意进行采伐。即便偶尔国家也会对树木的砍伐进行一定干预,但其考虑的是个体市民(所有权人)的经济利益和国家的经济利益,法律制度的反应是为保障这些利益不受侵害或削弱,对生态问题的考量完全不在其视野之内,就算偶有考虑也不处于直接和显见的位置。因此,罗马法对森林或树木进行保护的逻辑思路主要是基于“财产权”而非“环境权”,要说罗马法对树木或树林的保护中存在一些环境保护的因子,似有牵强附会之嫌。

第三节　矿产的开发与保护

一、概述

一般来说,所有的开采活动,包括狩猎、垂钓以及森林采伐和矿产开发，早晚都会出现资源的过度使用问题。在古罗马世界，甚至农业也很快被视为对土地的侵犯。公元前1世纪的古罗马哲学家和诗人卢克莱修在其《物性论》中描述了一种现今已经司空见惯的自然现象，即大自然不能再提供人类生存所必要的资源，并描述了一个甚至很快就要走向终结的世界。① 矿产的开采活动也很快被视为一种人类对环境产生重大影响的干预。老普林尼曾痛斥因探寻和开采矿藏而对自然的侵犯："我们为了财富而在地球的深处进行寻找，那里是死者灵魂居住的地方……我们感到困惑，大地有时张开裂口或者发出震动……人类已经学会了挑战大自然。"他也预见到，由于人类的贪婪，矿产资源将会耗尽："它彻底打败了我们，把我们送入地狱深处……人们可以试着去想象一下，有一天，由于年复一年的开采，地球上的资源耗尽，我们还要将贪婪的触角伸向何处！"②资源的过度开发导致的土地贫瘠现象在帝国晚期愈演愈烈，耕种者大量遗弃不结果实的土地，以这种方式摆脱沉重的赋税。③

---

① "自然也没有供给所需要的那么多，就是现在，它的生命也已经被损坏了，大地由于分娩过多而亏耗，几乎再也不能创造出小小的生命。……所有的东西，为岁月和生命的消逝所损耗，都必逐渐衰老而走向坟墓"。参见［古罗马］卢克莱修：《物性论》，方书春译，商务印书馆1981年版，第128～129页。

② 普林尼：《自然史》33，1，1–3；33，2，4。

③ Cfr. Laura Solidoro Maruotti, *Studi sull'abbandono degli Immobili nel Diritto Romano: Storici, Giuridici, Imperatori*, Napoli: Jovene, 1989, p. 267ss.

虽然我们看到,过度的矿产资源开发将给人类带来严重灾难的认识在古罗马的精英阶层中逐渐成形,但并不存在与这种认识相对应的,能够有效预防或对抗过度开采矿产的适当的法律工具。与对森林或树木的保护并非基于其生态或环境价值相同,罗马人对矿产进行法律干预时也没有认识到矿产开发可能带来的生态损害,而是基于其他考虑。起初,对地下之物的保护局限于宗教领域内,其保护的基调是,采矿活动是渎圣的。除了这种宗教告诫之外,关于矿工的悲惨艰难的工作和生存状况也引起人们的关注。但"对金子的饥渴"和"对奢侈的渴望"最终占了上风,压倒了所有这些障碍。

就矿产的归属和开发,需要注意的是,根据现代法律原则,地下之物的所有权属于国家,①但罗马法中并不存在这种原则,适用的是古老的规则,即所有权延及地上与地下,地上之物的所有权人也是地下之物的权利人。因此,在罗马法中,需要区别关于私人矿产的开采与国有矿产的开发管理(通过包税人团体或专门的管理机构)的不同规则。这种"二元主义"贯穿于罗马

① 比如,我国《矿产资源法》第3条第1款规定:"矿产资源属于国家所有,由国务院行使国家对矿产资源的所有权。地表或者地下的矿产资源的国家所有权,不因其所依附的土地的所有权或者使用权的不同而改变。"《德国矿藏法》《法国矿业法》等国家的矿产立法基本上也都规定了矿产资源的国家所有权。参见李国平等:《西方发达国家矿产资源所有权制度比较》,载《西安交通大学学报》(社会科学版)2011年第2期。

法的大部分时期。关于私人地下之物的开采,最初有效的原则是“采矿自由”,只要不损害他人的权利即可:所有权人且只有所有权人可以随意开采存在于其享有所有权的土地中的矿产,而在他人的土地上进行矿产开采,则要存在一项地役权或者至少所有权人容忍他这么做。关于国有矿产的开发,一方面受到各种激励措施的鼓励,另一方面也受制于国库的利益。

二、私人矿产的自由开发与法律规制

根据古老的罗马法规则,“地下添附于地表”,地下矿产视为土地的组成部分而添附于土地,矿产所有权与土地所有权合一。对属于私人的土地之下的矿产,土地所有人享有完全的自由处分权。在古典时期,出于鼓励矿产开采的需要,对于土地所有人的所有权行使有所限制。乌尔比安的一段论述在此等规则的建构上处于核心地位:

D. 8,4,13,1. 乌尔比安:《意见集》第 6 卷:如果确认在你的土地上有石矿,那么没有人可以不经你的同意而以私人或公家名义采石,除非他有权这样做:除非对于此等石矿存在这样的习惯——如果某人想要采石,只有在他首先给土地所有人一笔通常的补偿后才可以为之。尽管如此,为了采石他还必须向所有人保证:他既不会妨碍后者使用其需要的石料,也不会因行使该权利而剥夺其对物所享有的利益。

根据上述片段,如果在某人的土地上发现石矿,原则上只有土地所有人可以进行开发使用,只要没有正当的权利,任何人都不允许违背所有权人的意愿而以私人或公家的名义采石。乌尔比安在此重申了传统的原则:矿产所有权属于地上所有权人,除非其他人有正当名义,才可进行开采。[①] 土地所有人以外的其他人如果想要对土地之下的矿产进行开采,必须"有权这样做",即存在能够证成其在他人土地上进行开采的正当名义,这种正当名义可能是用益权或地役权,还可能是合同关系,也可能是某种赠与原因的授权或者是某项死因名义的遗赠。总的来说,从前文引述的片段中可以看出,在元首制晚期,人们可以合法地在他人的土地或石矿上进行开采,只要他这么做具有一项事先存在的名义。[②] 实际上,土地所有权人授权他人进行矿产开采是一种普遍存在的现象。

但乌尔比安谨慎地指出,上述规则有一项例外:除

① 有学者认为,在优士丁尼《法学阶梯》中(I. 2,3,2),采取相反的立场,规定外人可自由取用他人土地中的沙子,谓之挖沙权。实际上,I. 2,3,2 只是继 I. 2,3pr(规定了典型的乡村地役权)和 I. 2,3,1(规定了典型的城市地役权)之后规定了非典型乡村地役权的形态(有挖沙权,以及取水权、饮畜权、放牧权和烧石灰权),这些非典型乡村地役权也属于乡村地役权的范畴,而不是说这些权利是当然存在的一种权利。接下来的 I. 2,3,4 明确说到,所有地役权的设立都要么以简约、要么以要式口约、要么以遗嘱(以及被遗漏的以取得时效)的方式为之。参见徐国栋:《优士丁尼〈法学阶梯〉评注》北京大学出版社 2011 年版,第 200~201 页。

② Cfr. Laura Solidoro Maruotti, *La Tutela dell'ambiente nella sua Evoluzione Storica: L'esperienza del Mondo Antico*, Torino: G. Giappichelli Editore, 2009, p. 48-49.

非有某种地方习惯:根据此等习惯,即使不存在形式上的名义或没有获得所有权人形式上的许可,只要支付一笔习惯的租金,就允许在他人土地上采石。这种习惯很可能在罗马人征服之前就盛行于行省,罗马人只是注意到了这些习惯。采纳这种习惯的考虑有二:一是出于对土地所有人的权利的保护,他不应被诈取所需要的材料;二是出于对物的效用(石矿的收益和土地的收益)的充分利用。

同样是出于对矿产效用能充分发挥的考虑,矿产所有权从属于土地所有权的这种"单一所有权模式"在公元3世纪出现了松动,将矿产所有权独立于土地所有权的"双重所有权模式"逐渐显现:

D. 18,1,77. 雅沃伦:《拉贝奥的遗作摘录》第4卷:在土地买卖的一个条款中,该土地中的石矿,无论存在于何处,被排除在买卖中,过了很长一段时间,在该土地中发现了石矿。杜贝罗回答道,它们属于出卖人;拉贝奥认为,应考虑当事人的意图,如果意图不能确定,不能认为该石矿被排除在买卖中,因为没有人可以出卖或排除不存在之物,而除非石矿是可见的且已经被开采,否则视为不存在:如果给出不同的解释,那么(如果碰巧土地之下都是石头的话)整块土地都是石矿。我赞同这种意见。

雅沃伦的上述文本表明,杜贝罗和拉贝奥已经承认对土地买卖附加如下条款的有效性:出卖人保留在买卖之时现实存在于地下的石矿的所有权。即便杜贝罗和拉贝奥在对待有关“在买卖之时未被发现但在将来被发现的矿藏”条款上的观点对立，但是在上述片段中仍然可以发现，他们对土地的所有权人和地下石矿的所有权人显然作出了一种区分。

后来，将矿产所有权至少是开采权视为区别于对土地的权利的趋势更加明显。关于这个问题，有必要分析一下乌尔比安的两个片段：

D. 4,3,34. 乌尔比安：《萨宾评注》第 42 卷：如果你允许我从你的土地上采掘石块或者采挖白垩或沙子，并且我为此开支了费用，而后来你【改变主意】不让我将它们带走，那么只存在恶意欺诈之诉而不存在其他诉讼。

D. 39,5,6. 乌尔比安：《萨宾评注》第 42 卷：如果某人通过赠与的原因允许我从他的土地上采掘石块，那么一旦石块被采掘出来，它将立即成为我的，他不能通过阻止我将之带走而使它成不为我的，因为它以某种方式的交付而成为我的……

在上述两个片段中，为萨宾所讨论而被乌尔比安评注的情形是：某人获得了所有权人通过无偿赠与原因的许可，从他人的土地上开采矿产，并支付了开采费用，但受让人无法从土地上带走自费开采的矿产，因为所有权人改变了主意，他禁止将开采物运出其土地。那么，开采人能否获得开采物的所有权？两位法学家之间似乎持有相互对立的意见。萨宾认为（D. 4,3,34），要想取得开采物的所有权，仅仅开采还不够，还要将开采物从他人的土地上带走。在上述片段中的情形，土地的所有权人禁止将开采物带走，开采人还不是开采物的所有权人，他只能诉诸恶意诈欺之诉来获得保护，以获得对所开支费用的补偿。乌尔比安则持相反的意见（D. 39,5,6），认为矿产的所有权在开采出来之后即属于开采人，在论据上，乌尔比安将开采的过程拟制为“交付”，因此所有权的取得时间是开采出来之后，与后续的运出土地完全无关。根据乌尔比安的论证，开采人应获得物权性的保护，而不是诉诸补偿性的恶意诈欺之诉。

随着时间的推移，出于税收政策的需要，帝国晚期国家加强了对私人矿产的干预，矿产的开发利用朝着有利于国家垄断的方向发展。当时，所有大理石矿的开采都需要皇帝的事先授权，即使此等石矿的开采是由土地所有人在自己的土地上进行的。换句话说，所有权人必须获得皇帝的授权才能在自己的土地上开采大理石。但出于激励开矿活动的需要，格拉提安（375—383 年在位的西罗马帝国皇帝）在公元 376 年豁免了有意开采其自己在马其顿行政区和伊利里亚行政区的大理石矿的元老们的赋税（*vectigal*）和进出口税（*portorium*）（CTH. 10,19,8）。即便如此，帝国立法也从未承认在他人土地上自由开采的一般原则。

三、国有矿产的鼓励开发与法律规则

关于国有矿产的开发和规制，罗马法原始文献传达给我们的信息大多反映的是帝政后期的情况。但李维在其《罗马史》描述的路求斯·埃米流斯·保罗(Lucius Aemilius Paullus Macedonicus,约公元前229—公元前160年)在征服马其顿之后对马其顿行省的矿产的管理,在一定程度上反映了共和时期国家对矿产的态度:根据李维的记载,古罗马的执政官维持(并非创造)了有利于罗马人的对金矿和银矿的垄断,而将铁矿、铜矿和盐矿留给私人开采,但从事开采的业主需要缴纳先前缴纳给国王的一半的赋税。① 因此,正如该文本所表明的,公元前2世纪前后,在古希腊—马其顿法中,价值较低的金属矿和盐矿留给感兴趣的私人开采,而国家只对可以从中获得相当经济利益的矿藏的开采进行干预和规制。

对于元首制时期的矿业法的有关内容,则可从《关于维帕斯卡矿山的法律》(*Lex metalli Vipascensis*)中一窥其貌。该法制定于约公元100年,是关于西班牙维帕斯卡(Vipasca)矿山管理的法律。它是古罗马原始文献中提到的唯一涉矿法律,但遗憾的是其文本没有完整保留下来。该法的主要内容是,把矿区分为村落、矿和涉矿区,赋予它们不同的功能,因而具有城市规划的作用。该法还规定了帝国的矿山管理人向私人承包者出租矿山的规则。② 对于部分国有矿产的开

---

① 参见李维:《罗马史》45, 29, 11。

② 参见齐云、徐国栋:《罗马的法律和元老院决议大全》,载徐国栋主编:《罗马法与现代民法》(第8卷),厦门大学出版社2014年版,第214页。

采，根据上述维帕斯卡地区矿业法的规定：任何矿商，如果占有矿井的一半并赎回属于国有的另一半，都被允许开采国有的矿产，不考虑其先前的占有是否有法律根据，只要支付租金即可。①

帝政后期，在相关立法中，旨在鼓励私人参与国有矿产的勘探、管理与开采的财税激励非常突出，比如免税。东罗马帝国皇帝狄奥多西二世于 438 年汇编的《狄奥多西法典》第 10 卷，在“论矿场与矿工”的标题之下（CTH. 10,19）记载了大量的法律，这些法律展现了对国家、承包商与土地所有人之间在这个问题上的各种关系的调整。其中记载的关于大理石矿的六项敕令中的一项论述了授予私人将从国有的所有非洲石矿中采掘的大理石进行出售的权利，这种出售是豁免税费的（CTH. 10,19,1）。此等规定与“将国有矿产的管理通过授权而委托给私人承包商”这种当时流行的做法有关。豁免税费的目的可能在于激励进行非洲的大理石加工和贸易。公元 363 年的一项法律（CTH. 10,19,2）为激励探矿，授权私人对探得的国有石矿进行采掘，而且很可能也是豁免税费的。

公元 382 年，狄奥多西发布了一项敕令，奠定了后古典时期和优士丁尼时期矿产法的基础，这在《狄奥多西法典》和《优士丁尼法典》中都有体现［CTH. 10,

① Cfr. Laura Solidoro Maruotti, *La Tutela dell'ambiente nella sua Evoluzione Storica*: *L'esperienza del Mondo Antico*, Torino: G. Giappichelli Editore, 2009, p. 48.

19,10; CI. 11,7(6),3]。该敕令确立的规范其要旨在于,对所涉及的两种利益(私人所有权人的利益和国家的利益)给予同等的保护:有权开采私人土地上的大理石矿之人,都必须将收益的1/10付给国家;如果是在他人土地上实施开采活动,还必须向土地的所有权人再付1/10,而剩余的8/10留给自己。但从上述法典文本的语词中仍然不能得出帝国晚期已经承认"矿产的单独所有权"和一般性的"采矿自由"的结论。

此后,公元393年的一项敕令确定了一种新的趋势,即不再鼓励私人开采矿产:为了国家利益,狄奥多西非常明确地命令行政长官,禁止开采私有的石矿,无论是自己的还是他人的,违者将被没收非法的开采物(CTH. 10,19,13)。再之后的情形如何,古罗马的原始文献中就没有相关记载了。

总体而言,"古罗马的矿法"如果说存在的话,那么其目的,在早期是为了保护私人所有权,在晚期是为了国库的充盈。这些都是罗马人基于矿产所具有的经济价值,从财产权角度对矿产开发进行干预的手段,而与法学家和立法者对于环境的担忧和对于自然环境(*habitat* naturale)的保护都毫不相干![1]

---

① Cfr. Laura Solidoro Maruotti, *La Tutela dell'ambiente nella sua Evoluzione Storica*: *L'esperienza del Mondo Antico*, Torino: G. Giappichelli Editore, 2009, p. 52.

第四章　罗马法中非人动物的法律地位

人类与其他生灵之间的关系是希腊—罗马哲学中具有争论性的一个话题。对此大致存在两种思潮：一种是亚里士多德式的人类中心主义，排斥非人动物参与人类社会和法律关系的可能；一种是毕达哥拉斯式的生灵共同体思想，承认所有生灵之间的共性进而共有某种法。罗马人在看待非人动物的问题上受第二种思潮影响更大，甚至在一定程度上背离了为社会主流所接受的斯多亚哲学理念。在这样一种文化氛围中，罗马法学家们虽然在有关概念的使用上表现出对非人动物认识的摇摆，但整体上没有放弃基于人和非人动物的相似性而构建生灵命运共同体的努力——自然法概念是其极致表达。基于对“动物性”的重视，罗马法学家构建了某些取决于非人动物的心性和行为的法律制度。

非人动物的法律地位是一个古老的话题，两千多年前的古希腊哲学家们就已经对此展开了争论，只是在人类思想的历史长河中，人类中心主义的理念一直居于主导地位，非人动物的客体化处理成为当然之理。直至20世纪后期，以澳大利亚哲学家彼得·辛格（Peter Singer）和美国哲学家汤姆·雷根（Tom Regan）为代表的西方学界开始重新反思动物解放、动物权利等问题，在世界范围内引发了持续至今的对非人动物地位的讨论，并对现代法律规则的构建带来一定程度的冲击。这典型地体现在1988年修订的《奥地利民法典》中，其在关于物的定义的第285条之后增加了第285a条，规定"动物不是物，它们受到特别法的保护"。此后于1990年修订的《德国民法典》新增的第90a条和再之后的2002年《瑞士民法典》新增的第641a条，在其之后，作了与《奥地利民法典》第285a条同样的规定。这些将非人动物去客体化的法律修订进一步激起了人们对其主体化的向往以及难以避免的争议。

本章无意去探讨非人动物的主体化或客体化问题，也努力避免去关注非人动物权利问题的各种争论。把非人动物的法律地位问题简单化为其是否具有和人类一样的主体资格或者是否可以成为权利主体的问题，都无法脱离或超越人类中心主义的窠臼，而这恰是以动物为客体和以动物为主体这种不可沟通的二分法为框架的当代教义学的死穴，而且这个问题实际上可能并不像人们通常认为的那样重要，因为它在非人动物的真正法律保护方面或许并没有特别大的意义。本章通过对肇始于希腊哲学家对人与非人动物关系的辨思及其古罗马继受的分析，旨在表明，当代关于非人动物权利所争论的主要问题在古人的思想中已有其先例，尤其在罗马法学中，非人动物的伦理和法律价值以一种不同于今天的话语体系得到了承认。①

第一节　希腊—罗马文化中人与非人动物的关系范式

一、希腊文化中人与非人动物的关系范式

我们知道，早期希腊哲学大体上可以区分为两大支：一支从东方伊奥尼亚地方的米利都学派开始，经过赫拉克利特和恩培多克勒、阿那克萨戈拉，一直到留基伯和德谟克利特的原子论，逐渐完成古代希腊的唯物论哲学；另一支出现在意大利南部，以毕达哥拉斯学派和爱利亚学派为主，他们寻求抽象的原则，为古希腊唯心论哲学开辟了道路。② 这些早期哲学思想聚焦的主要是“自然”问题。自智者运动兴起，希腊哲学研究转

---

① Cfr. Valerio Pocar, *Lo Status Giuridico degli Animali nel Diritto Romano*, in *Rivista di Diritto Romano*, 2003 (Ⅲ), testo online https://www.ledonline.it/rivistadirittoromano/allegati/dirittoromano03pocar.pdf, 2021-07-10.

② 参见汪子嵩等：《希腊哲学史》(第 1 卷)，人民出版社 1988 年版，第 243 页。

为以“人和社会”为中心，伦理问题和社会政治问题成为讨论的重点，苏格拉底、柏拉图为其中坚。[①] 但在亚里士多德之前，所谓哲学还只是一门包罗万象的学问，亚里士多德开始将它划分为各种专门的学问，进行分门别类的研究，既吸收了早期的自然哲学家们的思想，又继承了苏格拉底、柏拉图和智者们关于人和社会问题的辩论，将它们划分为各种不同的学科，分别进行系统的研究，包括物理学、天象学、生物学、心理学、伦理学、政治学、美学以及他所开创的逻辑学等。在将这些学科从原来的哲学中分离出去进行独立研究以后，亚里士多德赋予了“哲学”以新的含义，即研究最普遍的“存在”的学问，或曰“本体论”，开启了一个新的哲学时代。[②]

通过梳理不同时期希腊哲学家们的观点，在对待非人动物的地位的态度上，我们可以隐约找到两个主要的对立流派，或者说两种不同的倾向，围绕非人动物的学术思想史首先就是这两个主要的哲学流派的对立史。第一个流派以毕达哥拉斯为代表，第二个流派以亚里士多德为代表。毕达哥拉斯基于灵魂在不同生灵

① 参见汪子嵩等:《希腊哲学史》(第 2 卷)，人民出版社 1993 年版，“前言”第 1 页。

② 参见汪子嵩等:《希腊哲学史》(第 3 卷)，人民出版社 2003 年版，“前言”第 1 页。

之间轮回转世的信仰,[①]认为非人动物是一种类似于人的存在,一切生灵都是血缘相通,属于同一族类的,并构想出一种所有生灵共有的正义,因此他谴责对非人动物的虐待以及为宗教目的的动物献祭并禁止食肉,甚至要求人们不要接近屠夫和猎人。[②] 亚里士多德遵循某种人类中心主义的传统,通过对人类普遍存在两个特征(直立行走[③]和手的使用[④])的描述和颂扬来支持人类优于其他生灵的思想。亚里士多德不否认非人动物具有某种形式的智慧,但认为,只有人类有理性和辨别对错的能力,[⑤]也只有人类使用抽象的

---

① 根据波菲利在《毕达哥拉斯传》的记载,"毕达哥拉斯对他的门徒讲过些什么,没有一个人能够肯定地说得出来,因为门徒们保持一种异乎寻常的缄默。可是,以下几点是众所周知的:首先,他认为灵魂是不朽的;其次,灵魂能够移居到其它生物体中去,而且循环反复出现,以致没有一件绝对新的东西;最后,可以说一切有生命的东西都是血缘相通的。毕达哥拉斯似乎是第一个将这些信仰传进希腊的人"。转引自汪子嵩等:《希腊哲学史》(第1卷),人民出版社1988年版,第256页。

② 参见汪子嵩等:《希腊哲学史》(第1卷),人民出版社1988年版,第257~261页。

③ "人是能唯一能直立行走的动物"的观点体现在其《论动物部分》第2卷[参见苗力田主编:《亚里士多德全集》(第5卷),中国人民大学出版社1997年版,第53页]和《动物志》第1卷[参见苗力田主编:《亚里士多德全集》(第4卷),中国人民大学出版社1996年版,第26~27页]。

④ "人手是优先于诸工具的工具"的观点体现在其《论动物部分》第4卷。参见苗力田主编:《亚里士多德全集》(第5卷),中国人民大学出版社1997年版,第131~132页。

⑤ "非人动物无一具有理性""所有动物中,人类是唯一具有神性(即理性)的动物"在其《论动物部分》中有详尽的阐述。参见苗力田主编:《亚里士多德全集》(第5卷),中国人民大学出版社1997年版,第10、52页。

语言,[1]因此人类凌驾于其他动物之上。[2]

这两种对非人动物的不同思想,映射出对动物参与法的不同态度,一种倾向于承认动物参与法,另一种则相反。属于前者的,除了毕达哥拉斯,还有恩培多克勒、色诺克拉底、泰奥弗拉斯托斯、普鲁塔克等,他们承认所有的生灵都参与到某种广泛存在于宇宙中的共同正义。属于后者的,除了亚里士多德,还有希西阿德、伊壁鸠鲁、诡辩派和斯多亚派,他们都否认存在一种人与非人动物共有的法。

回望过去,在西方文化的历史中,亚里士多德派关于人类与其他动物关系的观念长期居于主流,尤其是13世纪以后,很大程度上归因于托马斯主义的基督教思想[3]的决定性影响,毕达哥拉斯派的光芒被遮盖掩

---

① 亚里士多德在《论动物生成》和《动物志》中对人的言语和非人动物发出的声响作了对比,认为"自然以最高的程度将语言能力赋予人类,只有人类才会使用语言"[苗力田主编:《亚里士多德全集》(第5卷),中国人民大学出版社1997年版,第393页];"非人动物能够发出声音或声响,言语唯独属于人类"[苗力田主编:《亚里士多德全集》(第4卷),中国人民大学出版社1996年版,第135~138页]。

② "非人动物只服从自己的本能,因而比能够使用语言、拥有灵魂和理性、可以感知善恶和是否公正的人类低贱,应该受人类统治"的观念是其《政治学》的基调。参见苗力田主编:《亚里士多德全集》(第9卷),中国人民大学出版社1994年版,第6~7、11、17页。

③ 经院哲学的集大成者托马斯·阿奎那在《神学大全》中认为,非人动物是为人的利益而存在的,它们没有理性,与人不是同类;博爱不涉及它们;它们不能主宰自己的命运,应该受奴役;在宇宙的整体中它们是次要的组成部分。虽然他也提倡人不能残忍地对待非人动物,不过这不是因为它们自身的缘故,而是对非人动物残忍也会将这种思维转移到对待其他人的方式上。参见[澳]彼得·辛格、[美]汤姆·雷根编:《动物权利与人类义务》,曾建平、代峰译,张弛校,北京大学出版社2010年版,第7~14页。

藏。直到20世纪后期,亚里士多德人类中心主义的动物观的垄断地位被打破,毕达哥拉斯关于人与非人动物之间普遍存在相似性的观念成为当代动物权利运动的两股主要潮流的基石:根据以彼得·辛格为代表的新功利主义潮流,这种相似性被理解为"人与非人动物的利益共同体或至少是某些利益(比如避免痛苦或寻求快乐)的共同体";根据以汤姆·雷根为代表的新康德主义潮流,这种相似性被理解为"共有内在价值"。[①] 但也不可否认,亚里士多德旨在以人类中心主义的视角强调专属于人类的某些特性,从而基于这些独特的差异来划定人类社会权利界限的立场,这至今仍是拒绝承认动物的权利和法律主体性的重要支撑。

二、罗马文化中人与非人动物的关系范式

希腊哲学家们在非人动物地位问题上的思考和争论对罗马人产生了重要影响,以毕达哥拉斯和亚里士多德的思想为代表的对立两极在罗马文化中激起了不同的涟漪。然而古希腊文化对罗马文化的影响是一个漫长的过程,共和早期的《十二表法》就大量地引进了古希腊法,各种不同的希腊哲学流派也多能在罗马文化中找到其继受的因子,罗马人对外来文化的吸收从来是多元的。但是,古希腊哲学真正被系统"搬运"到

---

① 参见[美]汤姆·雷根:《动物权利研究》,李曦译,北京大学出版社2010年版,"2004年版序"第7页及以后。

罗马并罗马化,则是公元前1世纪共和晚期的事情,其首功要归于西塞罗。西塞罗本人兼受各种古希腊哲学学派的影响,早期尤其推崇伊壁鸠鲁学派,但他最终还是全面转向斯多亚这一将对此时正处开创期的罗马法产生最为深远影响的哲学流派,成为斯多亚哲学的忠实信徒。[①] 公元前1世纪也恰是斯多亚学派的成熟时期,这一成熟的哲学流派在引入罗马后得到精英阶层的广泛追随,深刻嵌入罗马人的观念之中。下文我们首先就从斯多亚哲学下罗马人的生灵观谈起。

(一)斯多亚哲学下罗马人的生灵观

我们刚刚提到,虽然西塞罗在学习古希腊哲学上博采各家之长,但其最终转向了斯多亚学派,成为自巴内修斯(Panaetius)及其门徒波赛唐纽斯(Poseidonius)将斯多亚哲学引入罗马后最为杰出的代表之一。西塞罗在其多部作品中详细阐述了斯多亚哲学的理念。根据斯多亚学说,世界是为人而不是为其他动物创造的,因此人与人之间存在法的联合,而其他动物则不能根据法而生活:

西塞罗:《论神性》2,62,154:我们学派的哲学家认为……在结论中我必须指出,我们所享有的世界上的万事万物都是为我们创造和安排的。宇宙本身的创造既是为了神,也是为了人,宇宙中的一切都是为了人

① 参见徐国栋:《共和晚期希腊哲学对罗马法之技术和内容的影响》,载《中国社会科学》2003年第5期。

的利益而设计安排的。宇宙似乎就是诸神和人的共同的家园、共有的城市。只有他们才具有理性(*ratione*)的力量,才能根据法和法律(*iure ac lege*)生活。正如我们必须承认,雅典和斯巴达是为雅典人和斯巴达人建立的,这两个城邦中的一切也可以说是属于它们的人民的,同样,宇宙中的一切也可以说属于诸神和人类的。

西塞罗:《论至善和至恶》3,20,67:然而,正如他们(即斯多亚哲学家)认为人与人之间是由法(*iuris*)联合起来的,他们认为人类与野兽之间不存在任何法。克律西坡说得好,所有其他事物都是为人和神而造的,是为他们的共同体和联合体存在的,人类可以在不伤害野兽的情况下利用它们。①

究其原因,正如在上面的文本中所表明的,在于认为人类具有理性而其他动物缺乏理性,因此人类优越于所有其他生灵。在西塞罗的其他作品中,也不难发现这种观点的明确表达:

西塞罗:《论神性》2,61,153:……在解释这些事物时,我想我已经清楚地表明了人的本性(*hominis natura*)是如何优于所有生灵……

西塞罗:《论法律》1,7,22:这种我们称之为人的,有预见能力、感觉敏锐、感情复杂、善于观察、能记忆、

---

① 本书所引西塞罗《论至善和至恶》的相关内容,其中译文皆参考了如下译本,下文不再逐一标注:[古罗马]西塞罗:《论至善和至恶》,石敏敏译,中国社会科学出版社 2017 年版。

富有理性和智力(*rationis et consilii*)的动物,是由至高的神明创造的,被置于可以说是最佳的状态。因此在如此众多种类的生灵及其各种不同的天性中,只有人具有理性(*rationis*),能思维(*cogitationis*),而其他一切生灵则缺乏这种能力。

尽管如此,在关于人与其他动物的关系问题上,西塞罗并没有完全受斯多亚学说的支配。当他观察到蚂蚁、蜜蜂、白鹳等物种表现出的利他倾向时,西塞罗也承认,人与其他动物之间并非截然对立,所有生灵之间存在某种相似性:

西塞罗:《论至善和至恶》3,19,63:有些大型野兽生来只为自己,另有一些,比如人们所说的海笔,缩在自己大大的壳里,一种称为"*pinoteres*"的生物,则为海笔站岗放哨,从它的壳里游出来,又缩回去把自己关在里面,似乎是告诫主人保持警惕——这些生物,还有蚂蚁、蜜蜂、白鹳,除了为自己之外也为别的动物做某些事。

特别是在《论共和国》(3,11,19)中,他提到毕达哥拉斯和恩培多克勒的学说,成为"所有的生灵之间有共同的法地位"以及"伤害动物的行为具有犯罪性质"这种古老的哲学思想进入罗马法律文化的媒介:

西塞罗:《论共和国》3,11,18-19:因为诚实而公正的人的责任在于使各得其应得。因此,首先,我们应该如何对待不会说话的动物?要知道,并非平庸之辈,而是无比杰出、无比博学的毕达哥拉斯和恩培多克勒曾宣布:一切有生命之物(*animantium*)应享有同等的法地位(*condicionem iuris*),并且声称,侵害动物的人会受到无穷尽的惩处。就这样,伤害动物是犯罪行为,谁不希望……这种犯罪行为……

在其《论义务》中,同样隐藏着所有生灵之间存在同等的法地位的思想:

《论义务》1,17,53-54:人们的相互关系存在许多等级。确实,如果我们抛开上面提到的无边无际的社会联系不谈,那么还有更为亲近的以同一民族、种族、语言为基础的社会联系,使人们非常紧密地联系起来。更为亲密的关系是属于同一城邦的人们,因为公民之间具有许多共同的东西:广场、神庙、游廊、街道、法律、权利、法庭、选举,此外还有共同的习俗、朋友关系和许多人之间建立的各种事务关系和事业。更为紧密的联系是亲属之间的关系。就这样,人们由上面提到的无限的人类社会联系被限制于人数不多的、狭窄的关系之中。由于自然赋予生灵的共同特性是具有繁衍后代的欲望,因此人类的最初联系是夫妻关系,然后是和子女的关系,再后来是组成一个家庭,一切都共有。这便是城邦的开始,并且可以说是国家的起源。[1]

西塞罗在该文本中表达的观点,就夫妻和子女关系而言,与下文将很快分析到的乌尔比安对自然法的定义(人与其他生灵共有的法)中所采纳的观点,并没

① 参见[古罗马]西塞罗:《论义务》,王焕生译,中国政法大学出版社 1999 年版,第 54~55 页。

有什么不同,后者也提到婚姻、子孙的繁衍和教育。

西塞罗关于所有生灵之间存在某种共有法的思想,在罗马文化中绝非孤例。在罗马另一位影响更大的斯多亚哲学家塞涅卡的《论仁慈》中,同样谈到一种所有生灵共有的法。以"所有生灵共有的法"的名义,塞涅卡提出存在一个合法对待生灵(人与非人)的限度:

塞涅卡:《论仁慈》1,18,2:即使奴隶也有权在神像前得到庇护。尽管法律允许一个人随意处置他的奴隶,但是在对待人的时候,有一个限度:一切生灵共有的法(*commune ius animantium*)不允许造次。[①]

罗马另一位先期信仰伊壁鸠鲁主义但后来转向斯多亚主义的伟大诗人维吉尔,虽然没有像西塞罗和塞涅卡一样明确表达所有生灵共有法的思想,但对所有生灵进行保护的理念在其《农事诗》(1,3;3,124;3,138;3,157;3,178;3,232;3,295-310;3,319;3,394-408;3,404;4,55-56)中得到了特别有力的呈现。他承认所有生灵的尊严,并认为人类有义务照顾其他动物,它们和人类一样拥有感情和记忆。

在罗马文化中,这种理念也非斯多亚主义者所独有,所有生灵之间具有共同本性的认识也构成了卢克莱修(伊壁鸠鲁主义的推崇者)思想的基本前提。他承认人与动物之间建立具有法律重要性的关系的可

① 参见[古罗马]塞涅卡:《强者的温柔:塞涅卡伦理文选》,包利民等译,王之光校,中国社会科学出版社 2017 年版,第 171 页。

能。在关于“物性”的诗中，卢克莱修指出，人类有照顾动物的义务。[①] 在此基础上，他确认了对即使是非人动物的道德和法律保护。[②]

(二)自然法观念下的生灵命运共同体

通过前文的分析我们看到，虽然深受具有人类中心主义基础的斯多亚哲学的影响，但在罗马文化中，至少人与非人动物之间存在某种“共同性”(*comunità*)或相似性(*affinità*)的思想仍然得到广泛认可。尽管没有证据表明这种思想直接受到毕达哥拉斯观念的影响，然而它与希腊哲学文化的关联仍然可以合理地想象。这种思想在罗马进一步发展的最高呈现，是公元3世纪罗马法学家乌尔比安阐述的“自然法”概念：

D.1,1,1,3-4. 乌尔比安：《法学阶梯》第1卷：(3)自然法是大自然教授给所有动物的法。事实上，这一法不是人类专有的，而是所有诞生在陆地、海洋的一切动物包括飞禽所共有的。由它产生了我们称为婚姻的男女的结合，由它产生了子孙的繁衍和教育。的

① 卢克莱修：《物性论》5,866：“这一切，明米佑，则都是被托管在人类的保护之下”(*omnia sunt hominum tutelae tradita, Memmi*)。无论是人类还是动物甚至植物，都有着共同的起源，都是由大地孕育的，“大地是万物的母亲”。参见[古罗马]卢克莱修：《物性论》，方书春译，商务印书馆1981年版，第311~317页。

② Cfr. anche Pietro Paolo Onida, *Dall'animale Vivo all'animale Morto: Modelli Filosofico-giuridico di Relazioni fra gli Esseri Animati*, in *Diritto @ Storia*, 2008 (N. 7), testo online https://www.dirittoestoria.it/7/Tradizione-Romana/Onida-Animale-vivo-morto-modelli-relazioni-esseri-animati.htm, 2021-06-15.

确,我们看到其他动物包括野兽也被评价为这种法的内行。① (4)万民法是全体人类使用的法。显而易见它与自然法相区别,因为自然法是所有动物共有的法,而万民法仅仅是人与人之间的共同法。

乌尔比安在对动物法律的地位进行希腊—罗马哲学反思的基础上提出的自然法概念,一方面,受到塞涅卡的影响,因此难以回避它与斯多亚哲学的关联,但它吸收了其他希腊哲学流派尤其是毕达哥拉斯的思想,在实质上超越了斯多亚哲学人类中心主义的局限;另一方面,它也表达了所有生灵之间具有相似性因此要尊重非人动物的理念,但又不止于此。尽管它也受到一些批评,对它的批评通常受制于人类中心主义的前提假设,并且陷入如下预期理由,即认为存在一种人类与其他动物共有的法是荒谬的,其正当理由是,法是人类的成果和特权。②

在乌尔比安的自然法论断中,非人生灵也是法的基准实体,它们不仅与人类共同生存在相同的自然环境中("是所有诞生在陆地、海洋的一切动物"),而且

---

① 该文本基本上被完整复制到优士丁尼《法学阶梯》中(Ⅰ.1,2pr.:自然法是自然教授给所有动物的法。事实上,这一法不是人类专有的,而是所有诞生在天空、陆地或海洋的动物的。由它产生了我们称为婚姻的男女的结合,由它产生了子孙的繁衍和教育。的确,我们看到其他动物也被评价为这种法的内行)。

② Cfr. Valerio Pocar, *Lo Status Giuridico degli Animali nel Diritto Romano*, in *Rivista di Diritto Romano*, 2003 (Ⅲ), testo online https://www. ledonline. it/rivistadirittoromano/allegati/dirittoromano03pocar. pdf, 2021-07-10.

具有相同的生存基础(从异性的结合到后代的繁衍和教育)。虽然非人动物对法的参与是一种在希腊和罗马文化中都不缺乏市场的思想,但像乌尔比安这样阐述的自然法概念(人与其他动物共有的法),仍然很容易被认为是荒谬的,特别是乌尔比安本人在 D. 9,1,1,3 中否认非人动物拥有理性这一事实更容易强化这种认识。然而果真如此的话,就无法解释,为什么优士丁尼的法典编纂者们认为它如此重要以至于将其放到《学说汇纂》的开头以及《法学阶梯》的起首部分。要理解自然法概念的法律价值,需要关注它在优士丁尼法中的体系意义。在优士丁尼法中,对自然法概念的阐述,通过关注非人动物的法律地位,实际上为理解整个"法"建立了一个视角。在《学说汇纂》和《法学阶梯》的开篇,乌尔比安采用了一种不同的术语来指称专属于人类的法和人与其他动物共有的法,如果说,一方面,可以将万民法(以及市民法)和自然法区别开来(无论如何,在这个框架下法律体系的统一体似乎出现了),另一方面,它将所有的动物(人和非人)团结在了一起,从而奠定了整个罗马法的体系框架和思想基础,罗马法律体系的统一体就这样被勾勒出来了。①

① Cfr. Pietro Paolo Onida, *Dall'animale Vivo all'animale Morto: Modelli Filosofico-giuridico di Relazioni fra gli Esseri Animati*, in *Diritto @ Storia*, 2008 (N. 7), testo online https://www.dirittoestoria.it/7/Tradizione-Romana/Onida-Animale-vivo-morto-modelli-relazioni-esseri-animati.htm, 2021-06-15.

当然,这一切并非出于偶然,在此之前,反对动物献祭的思潮已经为其铺平了道路。在罗马史上甚至在一般意义上的人类早期历史上,动物献祭都是社会生活乃至政治生活中的一项重要活动,①它是人类与神灵沟通的渠道,通过献祭可以保持“神的和平”从而维系人类的安宁。但是至少从帝政后期开始,残忍的动物献祭受到严厉的谴责,尤其是君士坦丁皇帝通过敕令的方式,对各种动物献祭活动加以限制,甚至告诫人们要远离占卜者和占卜活动,禁止占卜者接近私人住宅(CTh. 9,16,1-2)。优士丁尼只是沿着这一连续性的线条,通过乌尔比安的媒介,水到渠成地把自然法置于整个罗马法体系的中心位置——不仅在《学说汇纂》中而且在《法学阶梯》中。

虽然没有将乌尔比安的自然法概念打入荒谬的范畴,但相当一部分学说仍然没有考虑到“所有的生灵共有法”的思想可以追溯到希腊哲学和罗马法学,而是认为它是法学以外的事物,在法律层面并不重要,将它局限于“有趣”的范畴:因为它只是“动物福利主义”

---

① 罗马人对斗兽的热衷在一定程度上就与献祭有关,斗兽最早是向神灵献祭的一部分。维吉尔在其《埃涅阿斯纪》中对斗兽与献祭之间的关系给出了清晰的认识。随着罗马从共和走向帝政,斗兽的性质发生了很大改变,成为一种统治者麻痹民众,转移其注意力的一种政治工具。参见曹昊:《与神博弈——斗兽的历史》,清华大学出版社 2019 年版,第 239~251 页。

甚至仅仅是“仁慈博爱主义”的模糊表达。①

抛却实用或功利的考虑，从法的一般理论的角度而言，自然法概念的重要性仍然不言而喻。对于理解人与人之间、人与其他生灵之间、人与自然之间的法律关系，它都是一把有用的而且在某些方面是必要的钥匙，也是我们考察罗马人的法观念特别是非人动物的法律地位的一个重要的出发点。

总而言之，可以说，在罗马文化中氤氲着浓郁的建立在人与其他动物之间存在某种相似性因而必须尊重生命基础上的气息，进而打造出作为人与非人动物共有法的自然法概念。但是这种气息又飘忽不定，置于其中的人与其他动物之间的联系非常脆弱，很容易被打破，一旦被打破，将其他动物视为一种人类对立面的亚里士多德思想就将走上前台。在罗马法中，表征非人动物的法律概念的不同使用就呈现了人类与其他动物关系的复杂多样，以及非人动物的多元身份。

第二节　非人动物在罗马法概念中的多元身份

在罗马法中，用以表征动物或动物分类的法律概

① Cfr. Pietro Paolo Onida, *Dall'animale Vivo all'animale Morto: Modelli Filosofico-giuridico di Relazioni fra gli Esseri Animati*, in *Diritto @ Storia*, 2008（N. 7）, testo online https://www. dirittoestoria. it/7/Tradizione- Romana/Onida - Animale - vivo - morto - modelli - relazioni - esseri - animati. htm, 2021-06-15.

念不在少数，尤以“*animal*”（动物）、“*bestiae*”（野兽）和“*animalia quae collo dorsove domantur*”[可以通过脖颈（套绳）或脊背（置鞍）驯服的动物]最为常见，也较能体现罗马法学家们对非人动物的复杂心态。这些概念的某些方面甚至是极端和对立的，体现了理解人和其他动物之间关系的不同方式。下文的分析即围绕此三者展开。

一、“*animal*”：人与非人动物的相似关系

“*animal*”一词在罗马法中作为所有动物的共同属概念频繁出现，被用来指称各种动物。从这一概念中很容易观察到人与非人动物之间的相似性，它所表达的是在“*animal*”这一属概念下对动物的“种”（人与非人）的划分。前文提到的乌尔比安对自然法的阐述中，就旗帜鲜明地表达了这种立场（D. 1,1,1,3）：“自然法是大自然教授给所有动物（*omnia animalia*）的法。事实上，这一法不是人类专有的，而是所有诞生在陆地、海洋的一切动物（*omnum animalium*）包括飞禽所共有的。”更早一些的事例还有，帝政初期的两大法学流派之一普罗库鲁斯派的创始人普罗库鲁斯，他在 D. 50,16,124[①] 中将“*animal*”一词用于毫无区别地指称作为施动者和受动者的所有动物。如意大利罗马法学

① 普罗库鲁斯：《书信集》第 2 卷：……所有的动物（*animal*）要么是施动者，要么是受动者……

家彼得罗·保罗·奥尼达(Pietro Paolo Onida)所说,在罗马法文献中,"*animal*"一词在这种意义上的使用勾勒出一种基于对生命价值的认同的动物之间的共情关系的集合。[①]

从这个角度来看,罗马法学对无生命物的地位与有生命物的地位作出了区分。在此,可以援引乌尔比安的一个片段(D. 6,1,1,1[②]),其中在谈论了涉及继承的集合物的诉讼之后,分析了单一物(可以是可动之物,也可以是不可动之物)的返还之诉,而在动物的属概念下包括有生命之物和无生命之物。杰尔苏在谈到遗赠的客体这个具体问题时,在观察到"*moventia*"这个词既可以包括无生命之物也可以包括有生命之物后写道,如果遗嘱人使用该词仅用于指称动物,那么相关遗赠的客体只能是动物。除此之外,在分类的层面,动物与无生命之物处于不同的位置,因为它们有自己的生命:"因其自身可以移动"(D. 50,16,93[③])。我们还

---

① Cfr. Pietro Paolo Onida, *Studi sulla Condizione degli Animali non Umani nel Sistema Giuridico Romano* (*Seconda Edizione*), Torino: G. Giappichelli Editore, 2012, p. 128.

② D. 6,1,1,1. 乌尔比安:《告示评注》第 16 卷:此专门的对物之诉可适用于所有的可动物(*rebus mobilibus*),包括动物(*animalibus*),也包括那些没有生命之物(*anima carent*),同时也可以适用于那些附着于土地的物。本书所引优士丁尼《学说汇纂》第 6 卷的片段,其中译文皆参考了如下译本,下文不再逐一标注:[古罗马]优士丁尼:《学说汇纂》(第 6 卷:原物返还之诉),陈汉译,[意]纪蔚民校,中国政法大学出版社 2009 年版。

③ 杰尔苏:《学说汇纂》第 19 卷:"*moventium*"(可动物)和"*mobilium*"(动产)具有相同的含义,除非死者因其自身可以移动(*quia se ipsa moverent*)而仅称呼动物(*animalia*)为"*moventia*"。这是正确的。

可以在乌尔比安的另一个片段中发现这种区分，其中援引法学家阿尔芬努斯的观点，认为在遗赠的情形下，作为生灵的农庄的奴隶被排除在“工具”(*instrumentum*)之外。①

这种区分的观念可能受到亚里士多德观念的影响。在亚里士多德看来，生灵比无生命之物处于更高的层次，后者的存在是为了前者的利益。但是罗马法学家们并无意将“物”的世界与“人”的世界对立起来，实际上，正如奴隶、人、物的分类所表明的，二者是相互联通的，不能简单进行扁平化的切割。② 这种区分仍然是下列观念的产物：非人动物被认为与人类具有奥尼达所说的“共情关系”。

除了在一般意义上将“*animal*”作为人和非人动物的共同属概念，当罗马法学家使用“*animal*”一词专门指代非人动物时，也提到了所有动物之间的相似性。比如盖尤斯在其《法学阶梯》中阐述通过拟诉弃权设立用益权的可能性时所呈现的(Gai. 2,32)：“但是，由于用益权可以针对人和其他动物(*ceterorum animali-*

---

① D. 33,7,12,2. 乌尔比安：《萨宾评注》第20卷：阿尔芬努斯说，如果某人将其某些奴隶遗赠他人，那么剩余的在农庄的奴隶并不包括在“工具”中，因为他认为，动物(*animalis*)不能被视为工具……

② 在Gai. 1,48-123中，人分为自权人和他权人，他权人又分为从属于他人支配权的人(奴隶、家子等)、从属于他人夫权的人(有夫权婚姻中的妻子)、从属于他人财产权的人(作为财产被买卖的男人和女人)。这里讲的是某些“物”也可以作为“人”。在Gai. 2,13中，有形物被界定为那些可以触摸的物品，例如：土地、人、衣服、金子、银子以及其他无数物品。这里讲的是“人”也可以作为“物”。

um)而设立,我们应当认为在行省也可以通过拟诉弃权设立这种用益权。”①其中“人和其他动物”的表达表明,他无意将人和其他动物对立起来,而是将前者包含在后者的共同属中。

如果将这里的“人”局限于处于奴隶地位的人,情况就更加明朗,因为奴隶的地位自希腊哲学以降就在相关法律规则的很多方面特别接近于非人动物。② 在罗马法中,处于奴隶地位的人与“四足动物”一同被考虑,都属于要式物。盖尤斯在对《阿奎流斯法》第一章评论时直截了当地指出,奴隶等同于属于牲畜并成群饲养的四足动物,对其伤害都受《阿奎流斯法》调整。③在 D.21,1,48,6 中,彭波尼注意到,市政官法之诉不

---

① 本书所引盖尤斯《法学阶梯》的片段,除特别标注者外,其中译文皆参考了如下译本,下文不再逐一标注:[古罗马]盖尤斯:《法学阶梯》,黄风译,中国政法大学出版社 1996 年版。

② 关于在希腊哲学中奴隶和非人动物之间的类同,参见 P. A. Milani, *La Schiavitù nel Pensiero Politico: Dai Greci al Basso Medio Evo*, Milano: Giuffrè, 1972, p. 203ss.

③ D. 9,2,2pr. -2. 盖尤斯:《行省告示评注》第 7 卷:(pr.)《阿奎流斯法》第一章规定:“凡不法杀害属于他人的男奴隶或他人的女奴隶或他人的属于牲畜的四足动物者,(编者注:对该片段中“四足动物”和“牲畜”关系的分析,参见黄文煌:《阿奎流斯法——大陆法系侵权法的罗马法基础》,中国政法大学出版社 2015 年版,第 37~40 页)须依被害物当年的最高价值向其所有主以金钱赔偿。”(1)该法进一步规定,对被告的否认,得请求双倍赔偿。(2)由此可知,《阿奎流斯法》将我们的奴隶和属于牲畜并成群饲养的四足动物视为等同,如绵羊、山羊、牛、马、骡和驴。不过猪是否也包括在牲畜概念中尚有分歧,拉贝奥正确地认为猪包括其中。然而,狗却不在牲畜之列。还有些野兽如熊、狮或豹更不在此范围内。大象和骆驼则具有某种程度上的中间地位(因为它们一方面作为驮畜从事劳作,另一方面又有野性),因此应包括在第一章中。

仅与处于奴隶地位的人有关，而且与其他非人动物有关。[①] 总之，将奴隶与非人动物适用同一的法律规则是罗马法学中经常出现的做法（D. 7,9,5,3[②]；D. 35,2,30pr[③]；D. 6,1,15,3[④]），其中所体现的对人与非人动物之间关系的看法是，它们之间有差异，但更主要的是共同从属于一个独一的属。即便在个别场景，罗马法学家将“人”与“动物”并列，似乎违背了前述“*animal*”的一般用法，但也只是表明非人动物的地位与人类不同，但并非对立，在法律规则适用上仍然可以通用：人们采用要式买卖的方法买卖奴隶和自由人（*serviles et liberae personae*）。人们通常也用此方法买卖属于自己财产的动物（*animalia*），例如牛、马、驴、骡，以及也属于自己财产的城市土地和乡村土地，例如意大

---

① 彭波尼：《萨宾评注》第 23 卷：这些诉权【即前文提到的解除买卖契约之诉】的归属不仅仅与奴隶有关，而且关乎任何动物，还包括这种情况：假如我买下了一名奴隶身上的用益权，此等诉权可得适用。参见［古罗马］优士丁尼：《学说汇纂》（第 21 卷：保护买卖的配套诉权），徐铁英译，［意］腊兰校，中国政法大学出版社 2018 年版，第 126～127 页。

② 乌尔比安：《告示评注》第 79 卷：如果一项居住权或是某个奴隶的或其他动物的劳动力被遗赠，亦涉及要式口约，尽管这些权利并不完全可以类同于用益权。

③ 梅西安：《遗产信托》第 8 卷：在《法尔其丢斯法》的范围内，奴隶或其他动物的死亡，被盗窃，被抢劫……总之无论任何损失，只要受遗赠人没有过错，均由继承人承受。

④ 乌尔比安：《告示评注》第 16 卷：如果通过诉讼要求返还一个奴隶或者其他动物，而后并非出于占有人的故意或者过失【该奴隶或者动物】死亡了，大部分法学家都认为不必【向原告】赔偿价金。但更正确的【观点】是，倘若原告得到了它，便会卖掉它，因此被告应对交付迟延负责。因为如果他返还了它，原告本来可以卖掉它而赚回价金。

利土地(Gai. 2,120)。

如果我们将目光投向更广阔的视野,会发现,罗马法律文献中"*animal*"的这种用法与文学文献中"*animal*"的多重含义是暗合的。在一般意义上的第一重含义中,它指称所有的动物①。在第二重特定的含义中,它虽然有明显的人类指向,但考虑其地位时,仍然无法脱离其他动物②。在另一重特定的含义中,它又指称的是非人动物,强调其与人类的区别,但同样没有

---

① 比如西塞罗《论神性》3,8,32(撇开这些不谈,我们要想找出一种既没有出生、也不会死亡的 *animal* 也仍然是不可能的。每一种 *animal* 都有某种感觉(*sensus*)。它感受冷热,品尝甘苦。而每一种能够感受快乐的感觉也能感受痛苦。快乐的感觉和痛苦的感觉是相伴相随的。任何体验着痛苦的被造物都在经历着自己的毁灭。因此,你一定得承认,每一种 *animal* 都是可灭的);前文提到的西塞罗《论共和国》3,11,19;西塞罗《论法律》1,7,22;塞涅卡《道德书简》58,9;昆体良《演说术阶梯》5,10,61;瓦罗《论拉丁语》9,113;等等。

② 比如西塞罗《论至善和至恶》5,19,55[更加引人注目的,事实上也是非常显明而令人信服的自然指示,不仅在人身上不缺乏——这当然是毫无疑问的——而且在所有的动物中(*in omni animali*)都有积极追求持续活动的表现。无论如何,永久不动是无法忍受的];撒路斯提乌斯《喀提林阴谋》1,1[所有的人,如果他们想超越于其他动物(*animalibus*)之上,他们就应当尽一切力量,不是无知无识浑浑噩噩地度过自己的一生,像生来就垂头向地并且受食欲的摆布的禽兽那样。反之,我们的全部力量则既在于精神,也在于肉体。我们让精神发号施令,肉体则俯首听命。精神是我们和诸神共有的,肉体则是我们和禽兽(*beluis*)所共有的]([古罗马]撒路斯提乌斯:《喀提林阴谋 朱古达战争》,王以铸、崔妙因译,商务印书馆 1995 年版,第 93 页);卢克莱修《物性论》4,986(还有那些不单是人类而且是所有的动物所经常从事的事务,也都有这样的影响)([古罗马]卢克莱修:《物性论》,方书春译,商务印书馆 1981 年版,第 243 页)。

脱离“*animal*”作为其共同的属的范畴。①

因此,在分类层面上,无论在法学还是文学视域内,人与其他动物基于其相似性而被放入一个统一的视角,都是罗马法律制度上的实体。

二、“*bestiae*”:人与非人动物关系的断裂

如果说“*animal*”作为人与非人动物的共同属概念的使用,表达了二者之间的相似性进而共享某种共同法,那么通常被用于指称非人动物的专有词“*bestiae*”(野兽)的出现则暗含了人类共同体与非人共同体之间的分野,见证了人与非人动物之间关系的断裂。

在法律文献中和在文学文献中一样,“*bestiae*”的使用是基于人与某些其他动物之间存在的差别,尤其是后者具有的攻击属性。对此,可以援引乌尔比安的

① 比如西塞罗《论神性》2,47,122[自然赋予动物(*beluis*)感觉和胃口,胃口使它们会去寻找食物,感觉使它们能够辨别什么对它们有用,什么对它们无用。有些动物(*animalia*)通过奔跑捕获食物,有些通过爬行,还有些通过飞翔或游泳]和塔西佗《历史》4,17[大自然把自由赠给了甚至是不能讲话的动物(*animalibus*),但是勇气却是人类得天独厚的东西]。另见[古罗马]塔西佗:《历史》,王以铸、崔妙因译,商务印书馆1981年版,第259页;塞涅卡《道德书简》74,16,26;昆体良《演说术阶梯》1,2,20;科路美拉《论农业》9,9,1;等等。

一个片段(D. 3,1,1,6[①]),他在其中分析了禁止以搏斗野兽为生的人为他人利益而作出诉请。乌尔比安指出,在评估适用该制裁的前提是否存在时,不能简单地考虑动物是否属于特定的种类,更重要的是具体考察它是否具有野性(*feritas*)。“野性”这个词意味着,它们即使处于囚养状态也保留着本质上不同于人类的某种状态。因此,这一要件奠基了“*bestiae*”与其他动物的区别。[②] 使用“*bestiae*”一词来指代具有野性的特定的动物物种,在盖尤斯的《行省告示评注》中也得到了证实(D. 9,2,2,2),其中从法律的角度对动物的主要分类进行了简要的反思:在开头中,“属于牲畜(*pecudum*)并成群(*gregatim*)饲养的四足动物(*quadrupedes*)”的表达涵盖了三种不同的动物类别,并定义了其各自的范围。盖尤斯首先讨论了四足动物的类别,它分为能提供毛和肉的动物系列(绵羊和山羊等)或者能用

① D. 3,1,1,6. 乌尔比安:《告示评注》第6卷:同样,以搏斗野兽为生的人也不许为他人利益而作出诉请。我们应当理解,“野兽”一词更多考虑的是其野性(*feritate*)而不是动物的种类:事实上,如果涉及的是一只狮子,但其已经驯服,或者是另外一种会咬人的野兽,但已经驯服,那又有什么要紧? 因此,只有以搏斗野兽为生的人会被处以记过,无论他是否搏斗野兽;因为,如果他曾与野兽搏斗,但并非以此谋生,则他并没有责任;事实上,被认为有责任的不是与野兽搏斗,而是以此作为营生。译本参考了[古罗马]优士丁尼:《学说汇纂》(第3卷:起诉的问题与基本制度),吴鹏译,[意]腊兰校,中国政法大学出版社2016年版,第8~9页。

② 当然,一方面,动物不一定会因为它生活在囚养状态这一简单的事实而必然丧失野性;另一方面,仅仅考虑物种的特征是不够的,因为,例如,随着驯化,某头本来具有野性的猛兽会变得温顺。

于农业劳动和运输的动物系列(牛、马、骡、驴);其次分析了处于家养或野生之间的不确定状态的四足动物(猪和狗)①,并援引了法学家拉贝奥的观点;再次讨论了野兽的类别,对其描述是通过例示的方式(熊、狮或豹);最后分析了处于中间地位的两种动物(大象和骆驼),它们既作为驮畜从事劳作,同时又有野性。这种操作,清晰展示了不同概念之间的鲜明对立(虽然也存在一定的弹性):家养的或受人类控制的物种和整体上缺乏与人类建立关系的能力的物种。在这两个对立的概念中,混入一些混合状态的物种。②

如果说家养的或受人类控制的物种与人类的联系还没有完全断裂,那么"*bestiae*"所指向的尚未摆脱野性的动物,则彻底割开了它们与人类甚至与其他动物的关联:

D.9,1,1,10. 乌尔比安:《告示评注》第18卷:鉴于其天然的野性(*naturalem feritatem*),动物损害之诉不适用于野兽致损的情形。

I.4,9pr:就没有理性的动物而言,如果它们确实因顽皮、激情或野性致人损害,根据《十二表法》产生

① 实际上,对于绵羊、山羊、牛、马、骡、驴的分类没有问题,问题出在猪和狗上。盖尤斯毫不犹豫地援引了拉贝奥关于猪的观点(猪包括在牲畜中),并表明了他自己关于狗的观点(狗不在牲畜之列)。

② 在此要注意盖尤斯"那些被列入野兽之列的动物"的表达(Gai.2,16:同样,野兽是略式物,例如熊和狮子,那些被列入野兽之列的动物,例如大象和骆驼,也是略式物),用以指称某些外来的物种,它们的地位处于模糊的状态,即使被驯服,也保留了与野兽的相似之处。

损害投偿诉权……如果野性是与生俱来的，停止适用这一诉权。

盖尤斯在对《阿奎流斯法》第一章的评论（D. 9,2,2,2）中也指出了与乌尔比安所指相同的事实，熊、狮、豹等野兽被排除在《阿奎流斯法》的适用范围之外。

三、“*animalia quae collo dorsove domantur*”：人与非人动物的关系重塑

在罗马法律文献中经常出现的“*animalia quae collo dorsove domantur*”一词，直译为“可以通过脖颈（套绳）或脊背（置鞍）驯服的动物”，为四足动物中属于要式物的那部分动物，主要包括牛、马、驴、骡。在优士丁尼之前的罗马法中，要式物与略式物的划分作为对物的最基本的划分，具有现代法中不动产与动产之分的同样意义。[①] 根据盖尤斯在《法学阶梯》（Gai. 2,14a. -22）中的概括，要式物是那些在农牧经济中最重要的工具财产：在意大利的不动产（建筑物和土地）、奴隶、乡村地役权以及此处所说的“可以通过脖颈（套绳）或脊背（置鞍）驯服的动物”。[②]

这类动物因其在农牧经济中不可或缺的工作能力，因此被纳入要式物（盖尤斯在 Gai. 1,192 中更是将

---

① 参见［意］彼德罗·彭梵得：《罗马法教科书》，黄风译，中国政法大学出版社 2005 年版，第 145 页。

② Cfr. Sergio Beltrani (a cura di), *Istituzioni di Gaio: Traduzione e Commento*, Napoli: Edizione Simone, 1995, p. 48.

其定义为“贵重物”)的范畴,不仅在法律上而且在日常生活中都享受到其他动物难以企及的特殊待遇。在法律上,因属于要式物,其所有权的转移必须通过仪式烦琐的要式买卖(以及后来的拟诉弃权)的方式进行。在生活中,它们享有在神圣的节假日休息的权利;①为了它们的健康,每年春耕前,都要奉献祭品;如果它们生病了,会受到比奴隶更好的照料,要喂食鸡蛋以驱病;即便没有生病,主人也会注意它们的日常保健,给它们喝干净的水、吃保健药物、在其蹄下涂抹石脑油液以防擦伤。② 这些动物中,对于农业耕种尤为重要的牛,更是受到异乎寻常的保护:古时就已确立了禁止杀牛的传统,而任何杀害公牛的人则要处以死刑。③

正如“*animalia quae collo dorsove domantur*”这个概念所表明的,这类动物对于农牧时代的人们如此重要

① 老加图在《农业志》138 中提到,骡、马、驴享有家庭节假日,而牛更为尊贵,除了家庭节假日外,还享有各种节假日。如果确有需要,在节假日也可以驾牛劳动,但仅限于如下工作:运薪柴、豆茎以及要储存的粮食。参见[古罗马] M. P. 加图:《农业志》,马香雪、王阁森译,商务印书馆 1986 年版,第 62 页。有学者对该文本有不同的理解,认为只有家内的此等动物才享有节假日,因此加图的这个文本暗含了家内动物和家外动物的区分。Cfr. Pietro Paolo Onida, *Studi sulla Condizione degli Animali non Umani nel Sistema Giuridico Romano* (*Seconda Edizione*), Torino: G. Giappichelli Editore, 2012, p. 214.

② 参见[古罗马] M. P. 加图:《农业志》,马香雪、王阁森译,商务印书馆 1986 年版,第 40~41、44~45、58~59 页;[古罗马] M. T. 瓦罗:《论农业》,王家绶译,商务印书馆 1981 年版,第 144~145 页。

③ 参见[古罗马]西塞罗:《论神性》,石敏敏译,上海三联书店 2007 年版,第 107 页;[古罗马] M. T. 瓦罗:《论农业》,王家绶译,商务印书馆 1981 年版,第 169 页。

(具有帮助人力劳动的能力)需要具备一个前提条件,即通过训练而被驯服,驯服的方式包括在其脖颈上套绳或在其脊背上置鞍。但帝政时期的罗马两大法学流派之间在将此等动物归入要式物的问题上产生了较大的争议(Gai. 2,15)[①]:这些动物因其可以被驯服从事劳动,因而属于要式物,对此两派均无异议,但萨宾学派认为,它们自出生时起即为要式物;而普罗库鲁斯派则认为,当它们能够被驯服时,才是要式物,如果它们因过于凶猛而不能驯服,只有当它们达到通常可以被驯服的年龄时,才开始被视为要式物。[②]

两大法学流派之间的争论,需要放在一个更大的社会经济背景下来分析。在共和末期和帝政初期之间,大型"资本主义"式的农场开始出现。在这些农场中,大规模动物的饲养旨在屠宰食用,过去那种人与动物在劳作中建立起的直接亲密关系不复存在,动物接受训练从事劳动的能力不再那么重要,它们的经济价值和社会价值发生了重大转变,不再像过去那样作为劳动工具和创造更多收入的工具因而在社会关系上也与人类亲近,而是直接成为生产的最终产品。因此普

① Cfr. Sergio Beltrani (a cura di), *Istituzioni di Gaio*: *Traduzione e Commento*, Napoli : Edizione Simone, 1995, p. 48.

② 至于这两派观点出现的先后顺序,学界有较大争议。早期的权威学说一般认为,萨宾派的观点更为古老,普罗库鲁斯派的观点较为晚近;现在主流的学说则认为,萨宾派的观点出现的更晚,代表了一种新的思想倾向。Cfr. Pietro Paolo Onida, *Studi sulla Condizione degli Animali non Umani nel Sistema Giuridico Romano* (*Seconda Edizione*), Torino: G. Giappichelli Editore, 2012, p. 210-211.

罗库鲁斯派在“能够被驯服的动物才是要式物”的一般规则中引入了一服缓和剂——“由于过于凶猛而不能驯服”，通过这个缓和剂，即使不能实际驯服的动物，当它们达到通常可以被驯服的年龄时，也被归入要式物或贵重物的类别。这个缓和剂似乎代表了远古时代之后一个新时代的声音。①

随着饲养动物的目的旨在屠宰食用的大型农场的出现，原本为保护此等动物的所有权而确立的要式买卖的转让方式，此时成为阻碍社会经济发展的一道障碍。对此，罗马法学家试图修正要式买卖的传统规则进行调适，以使大量的牲畜在市场上可以更加便捷地出售。例如，允许通过对一头动物的象征性要式买卖来代表其他动物，对畜群进行整体出售，因此，在类似于“群”的视角中，一个有机体可以代表整体。这种事例可以在 Gai. 4,17 中找到文本支持，其中描述了根据“誓金法律诉讼”可将某一头牲畜甚至是一根羊毛带到法庭上来提出诉讼要求的可能性。② 还可以在瓦罗

---

① Cfr. Pietro Paolo Onida, *Dall'animale Vivo all'animale Morto*: *Modelli Filosofico-giuridico di Relazioni fra gli Esseri Animati*, in *Diritto @ Storia*, 2008 (N. 7), testo online https://www.dirittoestoria.it/7/Tradizione-Romana/Onida-Animale-vivo-morto-modelli-relazioni-esseri-animati.htm, 2021-06-15.

② Gai. 4,17：如果某一物不可能被方便地带到或者牵到法庭，比如是一根柱子或者一群牲畜，则把它们的一部分拿来；然后，就像整个物都在场一样针对该部分提出诉讼要求。这样，人们从一群牲畜中把一头绵羊或者山羊牵到法庭，或者取一根羊毛并把它带到法庭；对于船只和柱子，则拆下它的某一部分。

的一些片段中找到支持(《论农业》2,6；6,3；7,6；8,3)，这些片段似乎证实了通过简易交付来转让马、驴、骡的可能性，从而在市场实践中真正实现了要式买卖被交付的取代。[①]

经济的转型以及要式物的不可避免的衰落，促使萨宾学派否认驯服(基于此动物被纳入要式物)的意义，将牵引动物和负重动物置于统一的地位，不再考虑每一头动物个体实际拥有的能力。动物能够为人类提供某种效用，过去是以它的生命力和与主人的合作为前提，而不是因为它是一个物体，而现在从纯粹经济的角度，不再考虑其活着时拥有的品质和能力，它成为这样一种存在：其效用以其死亡为前提。因此，两个法学流派之间的争论有着更为深远的意义，过去曾经作为人类劳作中的亲密伴侣的动物的价值和地位也已然发生变化，人类与非人动物之间的关联在实然层面彻底断裂了。

第三节　非人动物对罗马法规则的入侵

虽然人与动物在社会层面的关系逐渐破裂，但在规范层面中，动物以其特有的心性(*animus*)与行为(*facere*)，独立塑造着某些法律规则，“*animus rever-*

① 买受人此后可以获得“善意占有之诉”(*actio Publiciana*)或“出卖或交付物抗辩”(*exceptio rei venditae ac traditae*)的保护。

tendi”(返回的意识)和“*actio de pauperie*”(动物损害之诉)就是罗马法律体系中两个特别重要的例子。它们表明,与人类同样作为一种生灵存在的非人动物可以通过自己的行为引起某种法律后果,造成法律现实的改变。借用现代的法律术语来说,罗马法学家们从“权利的设立、变更和消灭”的层面就某些动物的行为设定了法律后果。[①] 对“动物性”(*natura animalium*)本身的重视是它们共同的基础,体现了罗马法学家们对非人动物的生命特性的关注,这是一种可以追溯到前亚里士多德尤其是毕达哥拉斯和恩培多克勒哲学思想的延续。下面我们就来看一下,非人动物是如何以其“动物性”来塑造实在法中某些制度规则的。

一、“*animus revertendi*”:非人动物心性的规范意义

非人动物以其行为对罗马法规范的影响,首先体现在物权制度中,“*animus revertendi*”直接决定了动物所有权及占有的取得和丧失规则的构造。

所有权的取得与占有的取得密切相关。占有是取得所有权的自然基础,而占有中的先占又是更为古老

① Cfr. Pietro Paolo Onida, *Studi sulla Condizione degli Animali non Umani nel Sistema Giuridico Romano* (Seconda Edizione), Torino: G. Giappichelli Editore, 2012, p. 368.

的万民法(自然法)中取得所有权的直接范式。[①] 如罗马法学家涅尔瓦(儿子)所说,“物的所有权始于自然占有。关于这一点的一个证明就是从海洋里、陆地上或天空中被获得的物直接归属于那些首先获得其占有的人。同样,在战争中获得的物、在海洋中形成的岛以及在海滩上发现的美玉、宝石和珍珠都归最先得到其占有的人所有”(D. 41,2,1,1. 保罗:《告示评注》第54卷)。[②]

对物的占有体现为某物在我们的看管(*custodia*)之下,“看管”决定了占有的取得和丧失。在此,有必要分析几则保罗的片段,其中援引了涅尔瓦的观点,它在今天的法律学说中仍有其意义:

D. 41,2,3,13-15. 保罗:《告示评注》第54卷:(13)涅尔瓦(儿子)认为,除了奴隶以外的动产,只要处于我们的<u>看管</u>[③]之下,那就由我们占有。亦即,只要我们愿意,就可获得对它们的自然占有。因而,<u>逃跑</u>的

---

① D. 41,1,1pr. 盖尤斯:《日常事务或金言集》第2卷:有些物的所有权我们是根据万民法,即根据自然理性在所有人中同样适用的法而取得的;有些物的所有权我们是根据市民法,即我们城邦特有的法而取得的。因为更为久远的万民法与人类自身一同流传了下来,我们的论述必须首先从它开始。D. 41,1,3pr. 盖尤斯:《日常事务或金言集》第2卷:不属于任何人之物,根据自然理性归先占者所有。

② 本书所引优士丁尼《学说汇纂》第41卷的片段,其中译文皆参考了如下译本,下文不再逐一标注:[古罗马]优士丁尼:《学说汇纂》(第41卷:所有权、占有与时效取得),贾婉婷译,[意]纪蔚民校,中国政法大学出版社2011年版。

③ 此处及下文所引原始文献中的下划线处理,为笔者出于强调所加。

牲畜或因丢失而无法找到的花瓶，都不再被我们占有，尽管事实上它们没有被任何人占有。但如果处于我的看管下的物只是暂时无法被找到，情况则有所不同，因为该物只是在经过仔细寻找被找到之前暂时不在。(14)被我们关入饲养场的野兽或被我们放入鱼塘的鱼，都由我们占有。但那些池塘中的鱼或那些围在树林中游荡的野兽都不归我们占有，因为它们处于天然自由的状态。相反，如果有人购买了一片树林，就认为其中所有的野兽都归其占有，这种看法是错误的。(15)那些被我们关起来的鸟，或那些经过驯化处于我们看管之下的鸟都归我们占有。

涅尔瓦在文中谈论了奴隶以外的动产的占有，只要(只有)它们处于我们的看管之下，就(才)能说为我们所占有，一旦实际脱离我们的看管，就不再为我们所占有。“看管”可能是刚性的(“被我们关入饲养场”“被我们放入鱼塘”“被我们关起来”)也可能是柔性的(“驯化”)。此外，在这个问题上，上述文本还隐藏着对无生命之物和有生命之物(动物)的区分：对于前者，脱离看管只能归因于人，比如“丢失”；对于后者，脱离看管可能归因于其自身，比如“逃跑”，从而恢复了天然自由，不再返回。

关于动物的占有(因而取得所有权)与看管的关系，在保罗的片段中隐藏着根据动物的不同属性所作的进一步区分：严格意义上的野生动物和驯服的动物。前者具有天然的野性，即便被我们捕获，仍然具有返回

(自然)的意识,因此对它们的看管只能是采取刚性的强制措施来限制其自由,而一旦它们脱离我们的看管而返回自然,就不再属于我们。这种区分我们在其他法学家的作品中也可以找到:

D. 41,1,3,2. 盖尤斯:《日常事务或金言集》第 2 卷:我们捕获的任何动物[①],只要还处于我们的看管之下,就被认为是属于我们的。然而,一旦它脱离了我们的看管并恢复其自身的天然自由,它就不再属于我们,而是再一次归属于获得它的人。

D. 41,1,5pr. 盖尤斯:《日常事务或金言集》第 2 卷:如果【我们捕获的动物】脱离了我们的视线,或者虽然在我们的视线之内,但追赶它已非常困难,则其就被认为已经恢复了天然自由。[②]

后者已经被驯化,所受的看管可以是柔性的,其自由不受禁锢,因为即便它们暂时离开我们的视线,只要具有返回(我们)的意识,则不认为脱离我们的看管,仍然归我们占有;反之,如果它们在离开之后不再返回,则恢复其天然的自由,不再属于我们:

D. 41,1,4. 弗罗伦丁:《法学阶梯》第 6 卷:【我们捕获之物一旦脱离看管而恢复天然自由,就不再

① “我们捕获的任何动物”,根据 Gai. 2,67 的对应内容,指的是“野兽、鸟和鱼”,它们分别对应于更广泛意义上的“陆地、天空和海洋”中的具有野性的动物。

② 以上两则片段对应 Gai. 2,67,而且后一则片段的内容还保留在 I. 2,1,12 中。

属于我们。】除非其经过驯化，已习惯于经常离去又回来。

D. 41,1,5,5. 盖尤斯：《日常事务或金言集》第2卷：……对于那些出于习惯经常离开又返回的动物，以下这一规则是适用的：只要它们还有返回的意识，它们就被认为是属于我们的；如果它们失去了返回的意识，就不再属于我们，而属于占有它们的人。当它们丧失了返回的习性时，人们就认为它们失去了返回的意识。①

因此，无论动物是否已经驯化，只要处于我们的看管之下，就归我们占有，一旦脱离我们的看管，就不再属于我们了。至于如何判断是否脱离了我们的看管，盖尤斯在一定程度上把答案交给了动物自身，取决于它们是否具有"返回的意识"。

对于这种动物性的强调并非盖尤斯的专利，保罗和乌尔比安虽然只谈到了鸽子和蜜蜂，但表达了同样的观点，动物心理意义上的"返回的意识"奠定了占有维系和所有权保持的基础：

D. 41,2,3,16. 保罗：《告示评注》第54卷：有人正确地指出，从我们的建筑飞出的鸽子，同从我们的蜂房飞出的蜜蜂一样，由于它们出于习惯仍会返回，因而它们都归我们占有。

---

① 该片段对应于 Gai. 2,68，其中"那些出于习惯经常离开又返回的动物"，有如"鸽子、蜜蜂和通常在树林中来来去去的鹿"。

D. 10,2,8,1. 乌尔比安:《告示评注》第19卷:彭波尼还说,经常被放出鸽舍的鸽子包含在遗产分割之诉的范围,因为它们只要习惯于返回我们,就是我们的财产。因此,如果有人窃占它们,我们享有盗窃诉权。同样的规则也适用于蜜蜂,因为它们被认为是我们财产的一部分。

二、“*actio de pauperie*”:非人动物致害的法律救济

非人动物致人损害,是一种非典型债因,虽然它未被盖尤斯纳入其二分债因(契约和私犯的体系之内)(Gai. 3,88),也未落入优士丁尼四分债因(契约、准契约、私犯、准私犯)的范畴之中(I. 3,13,2),但在客观上确实导致了某种法律现实的改变,从而在受害人和非人动物的所有人之间建立起某种债的关系,属于盖尤斯在其《日常事务或金言集》中提到的契约和私犯之外的“法律规定的各种原因”(D. 44,7,1pr)之一。①

对非人动物致害的规制,最早是诉诸“损害之诉”

① 对罗马法中债因或债的渊源理论演变的分析,还可以参见徐国栋:《优士丁尼〈法学阶梯〉评注》,北京大学出版社2011年版,第394页。

(*actio noxalis*)①。在家子(奴隶)或者非人动物致人损害的情形,受害人可以提起该诉,要求家父(主人)或者所有人要么赔偿损失要么交出致害者,后一种情形在罗马法中又被称为损害投偿(*noxae deditio*),即通过将致害者交给受害人而免责。至少在《十二表法》中,尚未出现专门针对非人动物致害的救济机制,而是与家子(奴隶)致害的情形同样适用"损害之诉":

I. 4,9pr.:就没有理性的动物而言,如果它们确实因顽皮、激情或野性致人损害,根据《十二表法》产生损害之诉(如果交出加害的动物,被告获得责任免除,

---

① 国内学者对"*action noxalis*"的译法种类繁多:周枏译为"委付诉"[周枏:《罗马法原论》(下册),商务印书馆2004年版,第869页],丘汉平译为"被害之诉"(丘汉平:《罗马法》,朱俊勘校,中国方正出版社2004年版,第381页),陈朝璧译为"过失之诉"(陈朝璧:《罗马法原理》,法律出版社2006年版,第140页),徐国栋译为"损害投偿之诉"(徐国栋:《优士丁尼〈法学阶梯〉评注》,北京大学出版社2011年版,第534页),黄风译为"侵害之诉"([意]彼德罗·彭梵得:《罗马法教科书》,黄风译,中国政法大学出版社2005年版,第312页)或"损害之诉"(黄风编著:《罗马法词典》,法律出版社2002年版,第14页),米健和李钧译为"他权人损害之诉"[[古罗马]优士丁尼:《学说汇纂》(第9卷:私犯、准私犯与不法行为之诉),米健、李钧译,[意]纪蔚民校,中国政法大学出版社2012年版,第111页],不一而足。上述各种译法,有的强调其主要内容,有的凸显其意蕴,有的展现其字面含义。本书倾向于以其字面含义翻译之。"*Noxalis*"为"*noxa*"的形容词,*noxa* 来自于词根 * *nek*,后者又来源于 *nex*,即死亡(古代的严重惩罚),据此,*noxa* 最早表达的实际上是对过犯身体的终极处置,即将其处死。随着社会发展,*noxa* 一词自古时起就延伸出损害的意思,在自《十二表法》以降的罗马法文献中,它主要就是在这个意义上被使用的。在优士丁尼《法学阶梯》中(I. 4,8,1)揭示的就是 *noxa* 的原初含义。因此,本书将"*action noxalis*"翻译为"损害之诉"。Cfr. Pietro Paolo Onida, *Studi sulla Condizione degli Animali non Umani nel Sistema Giuridico Romano* (Seconda Edizione), Torino: G. Giappichelli Editore, 2012, p. 328.

因为《十二表法》是这样规定的)……

《十二表法》第 8 表第 6 条:四足动物损害他人的,由其所有人把它投偿于被害人,或赔偿估定的损失。

D. 9,1,1pr. 乌尔比安:《告示评注》第 18 卷:如果有人主张四足动物造成了损害,诉讼将依据《十二表法》的规定而产生。该法规定:或者交出致损物,该物即造成损害的四足动物;或者交付等同于损害价值的罚金。

《十二表法》第 12 表第 2 条:a. 如果奴隶实施盗窃或其他私犯……b. 家子或奴隶实施私犯的,父亲或主人有权赔偿损害或把他们投偿于被害人。

Gai. 4,75 – 76:当家子或者奴隶实施了非法行为……设有损害之诉,父亲或者主人可以承担诉讼估价,或者交出罪犯……损害之诉是由法律或者裁判官告示规定的,由法律规定的情况如:《十二表法》针对盗窃,《阿奎流斯法》针对非法损害;由裁判官告示规定的情况如:针对侵辱和抢劫。

此后不详的一个时期,从上述损害之诉中分立出一种独立的诉讼类型——“动物损害之诉”(*actio de pauperie*)。[①] 我们说它是独立的而不是新的诉讼类型,

① *Pauperie* 是 *pauperies* 的夺格形式,后者来自 *pauper*(贫穷的/贫穷的人),其本义是 *pau-per-os*,即“由于某种原因导致的贫困”;后来专指由于非人动物的行为造成的贫困,其隐含的意思是,由于非人动物给他人造成损害导致其所有人承担责任而陷入贫困;再后来,其含义进一步演变,不仅在文学层面而且在法律中都成为“四足动物损害”的代名词。Cfr. Pietro Paolo Onida, *Studi sulla Condizione degli Animali non Umani nel Sistema Giuridico Romano* (*Seconda Edizione*), Torino: G. Giappichelli Editore, 2012, p. 323-324.

因为它在诉讼机制和内容上与原来的“损害之诉”近乎一致，[①]只是把其中非人动物致害的情形剥离了出来。自此以后，在家子（奴隶）致害的情形中，继续适用“损害之诉”，[②]在非人动物致害的情形中，适用“动物损害之诉”。

需要说明的是，无论是《十二表法》时期的“损害之诉”还是后来的“动物损害之诉”，就涉及非人动物的情形而言，其规制的对象都只限于“四足动物”，因为这种动物引起损害事件的风险更大。但即便对于“四足动物”，这两种诉讼也没有给予同样的关注。在罗马法中以是否成群牧养为标准（D. 9,2,2,2；I. 4,3,1[③]）区分了“属于牲畜的四足动物”（牛、马、驴、骡、羊

① 但也有区别，其主要区别是：在“动物损害之诉”，如果致害动物在证讼前死亡，则诉讼消灭，在证讼后死亡，则所有人应根据《阿奎流斯法》之诉支付赔偿金或者向受害人转让其对杀死动物的第三人享有的阿奎流斯法诉权（D. 9,1,1,13-16）；在“损害之诉”，如果致害的家子或奴隶在证讼前死亡，则同样诉讼消灭，在证讼后死亡，则家父或主人先是可以通过交出致害者的尸体而免责，后来改为直接免责（D. 9,4,39.4；D. 9,4,42,1）。还可以参见周枏：《罗马法原论》（下册），商务印书馆2004年版，第873页。

② 直到优士丁尼废除了“损害之诉”对家子的适用，从而在优士丁尼法中，该诉只适用于奴隶致害的情形（I. 4,8,7）。

③ I. 4,3,1：然而，这一规范没有明确就四足动物作出规定，而只就属于牲畜的四足动物作了规定的事实，促成朕认为，它既未就野兽，也未就狗作出规定，而只就严格说来被牧养的动物作了规定，它们是马、骡、驴、牛、绵羊和山羊。已决定，就猪也作了同样的规定。事实上，猪也包括在牲畜的名称内，因为它们也是成群地牧养的。

和猪等)和"不属于牲畜的四足动物"(狗或者野兽等),[①]无论"损害之诉"还是"动物损害之诉"的关注点都只在前者。[②]

然而,令人疑惑的是,既然"动物损害之诉"与"损害之诉"在救济方式上近乎一致,为何将前者从后者中分离出来,为四足动物致人损害创立一种单独的诉讼,而不是继续直接适用"损害之诉"？其间蕴含着法学家们怎么样的考虑?

我们首先试着从古罗马法学家对"动物损害之

① Gai. 3,210:非法损害之诉是由《阿奎流斯法》确定的。该法第一章规定:如果某人非法杀死一名他人的奴隶或者一个属于牲畜的他人的四足动物……D. 9,2,2pr。盖尤斯:《行省告示评注》第7卷:《阿奎流斯法》第一章规定:"凡不法杀害属于他人的男奴隶或他人的女奴隶或他人的属于牲畜的四足动物者……";I. 4,3pr. -1:(pr.)不法损害之诉是《阿奎流斯法》确立的。其第一章规定,如果某人不法杀害他人的奴隶或属于牲畜的四足动物,将判处他对所有人偿付该物在该年内的最高价值。(1)然而,这一规范没有明确就四足动物作出规定,而只就属于牲畜的四足动物作了规定……Gai. 3,217:《阿奎流斯法》第三章涉及的是一切其他的损害。如果某人伤害了奴隶或者属于牲畜的四足动物,或者伤害或杀死了不属于牲畜的四足动物,如狗或者野兽(如熊或狮子),有关诉权规定在这一章中……D. 9,2,27,5。乌尔比安:《告示评注》第18卷:《阿奎流斯法》第三章还进一步规定:"除了奴隶和牲畜被杀害外,如果某人通过不法焚烧、折断或伤害造成其他物的损失,那么他将被判处就该被损害物过去30日内的价值向所有人给以金钱赔偿";I. 4,3,13:《阿奎流斯法》第三章规定了所有其他损害。因此,如果某人伤害了奴隶或属于牲畜的四足动物,伤害或杀死了未被列入牲畜范畴的四足动物,例如狗或野兽,本章赋予了诉权……

② 根据法学家保罗的记载(*Pauli Sententiae*, I. 15),公元前3世纪至公元前2世纪制定的《关于狗的佩索拉纽斯法》(*Lex Pesolania de Cane*)将"动物致害之诉"的适用范围扩大到狗致害的情形。野兽则始终被排除在该诉讼之外(D. 9,1,1,10. 乌尔比安:《告示评注》第18卷:鉴于其天然的野性,本诉讼不适用于野兽致损的情形……)。

诉”的适用情形的分析中寻找答案：

D. 9,1,1,2-4. 乌尔比安：《告示评注》第18卷：(2)这一诉讼适用于所有四足动物【致损的情形】。(3)裁判官说：实施了“四足动物损害”(*pauperies*)。这种损害并非由于动物的不法行为所致。实际上，动物不可能实施法律上的不法行为，因为【它们】没有理性可言。(4)因此，如同塞尔维尤斯写的那样，此诉讼适用于四足动物因自身的野性而造成损害的情况。例如，一匹经常乱踢的马踢伤了他人，一头惯于冲撞的公牛撞伤了他人，或是一些母骡子因为极端的野性【实施了损害】。但是，如果因道路不平而失去平衡，或者因为驾驶者的疏忽，或者因为超载，四足动物将货物翻倒在他人身上，则不能提起此诉讼，【相反可以依照《阿奎流斯法》】提起不法损害【之诉】。

I. 4,9pr.：就没有理性的动物而言，如果它们确实因顽皮、激情或野性致人损害，根据《十二表法》产生损害之诉(如果交出加害的动物，被告获得责任免除，因为《十二表法》是这样规定的)。例如，爱踢人的马用蹄子踢伤了人、惯于攻击人的牛用角攻击了人的情况。然而，这一诉权就反自然的冲动(*contra naturam moventur*)发生。当然，如果野性是与生俱来的，停止适用这一诉讼。因此，如果熊从主人处逃脱并造成了这样的损害，不能起诉【其】前主人，因为随着野兽的逃跑，所有权停止存在。然而，*pauperies* 是一种行为者没有不法地造成的损害。事实上，不能说没有理性的动物实施了不法。这些都是关于损害之诉的。

D. 9,1,1,7. 乌尔比安:《告示评注》第 18 卷:通常,此诉讼适用于动物因反自然的冲动(*contra naturam mota*)而造成损害的情形……

这些文献清晰地揭示了非人动物致害与家子(奴隶)致害的本质区别,前者的致害行为不能看作法律上的不法行为,因为它们没有理性,其致害行为很大程度上导因于顽皮、激情或野性等反自然的冲动,由于这种冲动,它们直接或因为其触碰的其他物件而间接造成他人的损害,从而产生一种纯粹客观责任。① 正因为如此,如果它们的致害行为不是或主要不是因为其本身反自然的冲动,则不适用该诉讼,②受害人只能诉诸其他救济手段,比如在前述 D. 9,1,1,4. 后半段以及如下几则片段中所论述的情形:

D. 9,1,1,5. 乌尔比安:《告示评注》第 18 卷:然

① D. 9,1,1,9. 乌尔比安:《告示评注》第 18 卷:此诉讼不仅适用于四足动物自身行为造成的损害,而且也适用于四足动物触碰的其他物件造成的损害,例如,一头牛用【所拉的】货车或是负载的物件压倒他人,从而造成了损害。

② 例外是,如果因为受到其他动物的挑衅而造成损害的,该诉讼适用,但诉讼应针对进行挑衅的动物的所有人提起(D. 9,1,1,8. 乌尔比安:《告示评注》第 18 卷:当一个四足动物由于另一个四足动物的挑衅而造成损害时,动物损害之诉应针对进行挑衅的动物【的所有人】提起)。在另一则片段中,乌尔比安还分析了两只动物打架时一只杀死另一只的特殊情形,该诉讼该如何适用(D. 9,1,1,11. 乌尔比安:《告示评注》第 18 卷:两只公羊或公牛打架,其中一只将另一只杀死,昆图斯·穆丘斯认为应该区别对待:如果被杀死的是挑衅的一方,则不能提起动物损害之诉;然而,如果被杀死的是被挑衅的一方,那么可以【如此】提起诉讼:被告一方应向原告进行赔偿或者进行损害投偿)。

而,当一只被人引领的狗野蛮地挣脱了管领人的管束并给他人造成损害时,如果它本可以被其他人更加严密地看管,或者本不应当被带入此地界,则不适用该诉,而应对狗的看管人直接提起诉讼。

D. 9,1,1,6. 乌尔比安:《告示评注》第 18 卷:同样,此诉讼不适用于任何人因人为唆使而致使【本身具有】野性的动物造成他人损害的情形。

D. 9,1,1,7. 乌尔比安:《告示评注》第 18 卷:……因此,当一匹马因疼痛被激怒乱踢【而造成损害】时,不适用此诉讼;但是,针对故意刺伤或伤害那匹马的人,则应提起事实之诉而非阿奎流斯法之诉,主要是因为并非该行为人自身【直接】导致了损害的发生。然而,如果某人因为抚摸或触碰马匹而被马所踢伤的话,则适用此诉讼。

古罗马法学家们揭示的非人动物致害行为有别于人类致害行为的特殊性,为"动物损害之诉"的创设提供了合理性的基础,但在已经存在制度功能与规则体系近似的"损害之诉"的情况下,这种合理性是否足以证成从"损害之诉"中剥离出单独的"动物损害之诉"的必要性,现代罗马法学者对此展开了激烈的争论。

19 世纪末期之前,罗马法学界对于这两种诉讼之间的实质相似性基本上没有异议,并在此基础上探讨将"动物损害之诉"独立的原因。有学者认为,非人动物尤其是家畜,犹如失去自由的人,应赋予其人格,也因此其行为具有法律上的可归责性,故而存在一种严格意义上的独立的非人动物法律责任；有学者指出，在罗马文化中，历来有区分人（有理性）——非人动物（无理性）——其他物（无生命）的传统，应在这个框架下来理解非人动物致害的规范构造，非人动物自发的冲动（行为）和造成损害的事实（结果）足以导致一种需要承担责任的私犯。[①] 19 世纪末期以后，形势发生变化，更多学者着眼于分析这两种诉讼的实质性差异，认为此前将非人动物致害纳入“损害之诉”调整是一种错误，*noxa* 和 *noxia*[②] 仅限于指称由家子或奴隶实施的私犯，无法涵盖 *pauperies* 这种由于自发的冲动造成的损害，后者本质上不具有非法性（*iniuria*），因为其实施者没有理性，因此不可归责。但非人动物确实以其行为造成了某种法律事实的改变，为了恢复被其破坏的社会秩序，裁判官为此创设了“*pauperies*”概念，“动物损害之诉”应运而生（D. 9,1,1pr. -3）。

因此，“动物损害之诉”建立的真正基础在于非人动物因“捣乱”行为而引起某种法律事实的改变，其行为与造成损害的事件之间存在的“客观因果关系”使得这种救济机制得以启动。[③] “动物损害之诉”独立存

① Cfr. Pietro Paolo Onida, *Studi sulla Condizione degli Animali non Umani nel Sistema Giuridico Romano* (*Seconda Edizione*), Torino: G. Giappichelli Editore, 2012, p. 338-340.

② 这是两个同根近义词，其中 *noxa* 侧重于非法行为造成的损害，*noxia* 侧重于非法行为本身。在优士丁尼法中，其含义略有不同，*noxa* 指向实施非法行为者的身体（I. 4,8,1）。

③ Cfr. Pietro Paolo Onida, *Studi sulla Condizione degli Animali non Umani nel Sistema Giuridico Romano* (*Seconda Edizione*), Torino: G. Giappichelli Editore, 2012, p. 341-347.

在的必要性据此得以证成。

三、小结

本章的主旨虽然是探讨罗马法中非人动物的法律地位,但从尊重历史事实的角度,不无遗憾地说,罗马法学尚未真正切入这一议题。古希腊—罗马文化中,哲学家、文学家和法学家们关于人与其他生灵之间关系的反思,与当今法学的站位迥然不同,后者是在权利主体—客体的框架内来思考这个问题的,而这对于理解罗马法律和文化中非人动物的法律地位助益无多。在教条层面上对非人动物地位的分析不宜通过这些范畴来进行,也不宜通过那些与主体性和人格有关的范畴来进行。这些现代法学范畴都是人类中心主义视角下的表达。

在罗马法律和文化中,非人动物地位的各方面问题都与对其性质(动物性)的认识密切相关。所谓"性质",可以理解为人和其他非人动物作为生命体所拥有的本质特性的总合。① 罗马人对"动物性"的重视表明法学家对非人动物的生命特性的关注,但这既不能视为非人动物只是权利客体的现代学说的先例,也不

① Cfr. Pietro Paolo Onida, *Dall'animale Vivo all'animale Morto: Modelli Filosofico-giuridico di Relazioni fra gli Esseri Animati*, in *Diritto @ Storia*, 2008 (N. 7), testo online https://www.dirittoestoria.it/7/Tradizione-Romana/Onida-Animale-vivo-morto-modelli-relazioni-esseri-animati.htm, 2021-06-15.

能等同于当今非常流行的非人动物是权利主体的学说,尽管它们存在一些共同的要素,特别是认为在所有的生命体之间存在某种普遍的、共情的法律地位。

在所有的生灵之间具有相似性的前提下,罗马人形成了以将非人动物纳入其内部为特征的法律制度。从对罗马法学中关于动物分类相关概念的分析可以看出,罗马人对于非人动物的态度有其摇摆不定或模棱两可的一面,但整体上来看,他们表现出对亚里士多德人类中心主义式哲学思想的超越,而体现出与毕达哥拉斯和恩培多克勒思想的连续性。在规范层面,法学家们对"动物性"的重视,使得实在法中某些制度的法律规则取决于"动物性",尤其是关于动物所有权和占有的取得和丧失,以及动物致害情形的救济机制。在这些方面,非人动物以其心性和行为塑造着日臻完善的罗马法规则。

代结语 古罗马环境法律保护的经验借鉴与启思

对于古罗马的环境保护问题,意大利罗马法学家安东尼奥·瓜利诺(Antonio Guarino)的总结颇为精确:“一般意义上的环境保护,体现在关于水和下水道的令状中,也被有些法学家比如拉贝奥等以某种方式隐约地意识到,但是认为古罗马人具有早期的环保主义,论据似乎相当单薄。”①如果说一些文化精英对人与自然的关系问题已经有所察觉,那么实际上罗马人对于环境要素可能遭受的侵害提供的救济只是间接和零碎的,虽然可以找出一些与个别事项有关的令状等法律措施,但它们也主要是一些以法学家为代表的有识之士个人努力的结果,并且一般情况下只是对某些被创设用于其他保护目的的法律工具的改造,对于产生环境损害的问题并没有进行法律上的统一调控。换

① Antonio Guarino, *Diritto Privato Romano* (12^{a} ed.), Napoli: Jovene, 2001, p. 725, nt. 57. 6.

句话说，尽管近年来有学者认为，①在公元前 3 世纪至公元前 1 世纪，可以发现某种连贯有机的保护“环境健康”的线索，但实际情况可能是，在共和晚期并不存在对需要保护环境的充分认识，至少在法学家中实际上没有普遍如此，正因为如此，也不存在直接针对相关问题的思考。

对环境健康予以保护的观念，在古典时期才有所凸显。实际上，罗马的裁判官和法学家们提供救济的环境要素介于私人利益与公共利益之间，更多时候偏重于个人利益，但同时也是某种集体的利益：其中的个体是由广泛的个体组成的集体的一部分，他们因共享同一利益而关联在一起，此等集体的每个人都有权寻求对共同利益的保护，但它们并非要保护城邦—国家之物，也并非简单地要保护市民共同体的利益，他们寻求保护的毋宁说是某个变动不居但并非偶然形成的群体的利益，这个群体中的每个人都在一个共同的环境中从事其个人活动，并使用该环境提供给他们的自然资源满足自己的日常需要。② 对这种利益的保护被委

---

① 比如安德烈·迪·波尔托。See Andrea Di Porto, *La Tutela della Salubritas fra Editto e Giurisprudenza* (Ⅰ): *Il Ruolo di Labeone*, Milano: Giuffrè, 1990; Andrea Di Porto, *La Gestione dei Rifiuti a Roma fra Tarda Repubblica e Primo Impero*: *Linee di un 'Modello'*, in *Societas-Ius*: *Munuscula di allievi a Feliciano Serrao*, Napoli: Jovene, 1999.

② Cfr. Francesco Fasolino, *Prime Considerazioni in tema di Tutela della Salubritas fra* Ⅲ *e* Ⅰ *Sec. A. C.*, in *Teoria e Storia del Diritto Privato*, 2010 (3), p. 29-31.

诸从某种特定物中合法获益的所有人,这种获益的丧失或减少使个人可以合法地行使救济权。这也是罗马法中作为环境要素保护之重要工具的民众令状的存在基础。

罗马人隐约意识到的对环境加以保护的理念以及他们对环境问题的关注视角及其制度设置,还是为当世处于环境保护困境中的我们提供了一些富有启发性的思考。比如,我们不难发现,涉及环境保护的民众令状大都包括两方面的内容,既有禁止性的一面,也有恢复原状的一面。也就是说,对于有害于环境要素的行为,除了一般性的禁令并对违反者处以金钱惩罚外,还存在大量恢复性的法律举措。这一点非常重要,历史的教导启示我们,对于实施污染活动者,除了金钱制裁或限制人身自由外,必须有效地强制他们去除污染物,并对污染场所进行改良,至少是恢复到先前的状态。如果金钱惩罚是环境损害者承受的唯一制裁,那么后续的恢复原状和改良工作肯定将不那么及时,尤其是变得不可控制之时。

在具体环境要素的保护上,通过前文对罗马法中有关空气和水的法律保护的考察我们看到,表面上,对于空气和水的法律保护相当全面且不断完善,但它们都旨在保护作为所有权人的个人的利益。这使我们进一步确信此前得出的结论,即总体上来看,罗马人尚不具有一般意义上的环境保护意识,其对环境的法律干预只是间接和部分性的,主要是作为对私人利益进行保护的附属产物。然而罗马人从法律层面对环境问题的这种不太明朗但的确存在的回应,无论如何不能被忽视。罗马人在环境要素保护方面的经验在今天至少在如下三个方面具有某些借鉴意义:其一,法学家在罗马环境法律规则构建中的推动作用。他们在现行令状的基础上通过扩张性解释,从而将包括空气和水在内的环境要素纳入既有的法律保护体系之中;其二,体现在立法政策上,即寻求利益平衡的原则。裁判官以及法学家需要在相互对立的利益中寻求平衡,其上限是不能给各方造成损害;其三,体现在对损害环境要素者的制裁上。对环境要素破坏者课加恢复原状和进行改良的义务,较之于其他惩罚,无疑更有利于对被破坏环境的即时修复。但在罗马法律经验为今人提供某些启示的同时,也暴露出其严重的缺陷或局限性:罗马人将环境保护几乎完全委诸私人,在所有权保护的范畴内对环境要素予以保护,而公权力机构在环境要素的主动保护上则很少出现。①

就罗马人对森林和矿产这两种环境要素的法律态度,要说的是,对罗马帝国的衰亡,大部分历史学家认为是多方面因素相互作用的结果,很难将这些因素孤立起来看待,但其中一个不可忽视的因素是以对森林和矿产等自然资源的过度开采为主要表现的对待环境

① Cfr. Mario Fiorentini, *Precedenti di Diritto Ambientale a Roma? Ⅱ. La Tutela Boschiva*, in *Index*, 2007 (35), p. 352-354.

问题的错误做法。虽然其严重程度不太确定,但毫无疑问,罗马人没能找出一种与其周围生态系统和谐相处的方法,没有节制的森林砍伐以及因之带来的水土流失和利益诱导下的矿产过度开发,都至少在某种程度上造成一些加速罗马帝国政治和经济衰落的问题,成为罗马帝国走向衰落的一副催化剂。早期罗马人曾认为森林和土地都是神圣的,他们尽量避免可能会激怒圣灵的行为,例如在圣林中捕杀动物的行为,他们还通过植树来取悦神。这些传统都展现了他们在生态意识上的敏锐性,但是这并没能阻止与自然进程不和谐的行为的出现,罗马人选择了为经济利益而舍弃其他。[①] 在对森林与矿产这两种重要的环境要素的法律保护上,罗马人似乎没有展现出其在法律的其他方面的同样智慧,他们对待自然环境的漠视态度使其没能够维持所居住的地中海地区的生态平衡,成为罗马帝国走向衰亡的一大促因。

如果说在上述四种环境要素的法律处遇上,没有明显表现出罗马人对于环境问题的重视,至少他们没有完全从环境保护的角度来进行针对性的制度设计,那么在对待另一种特别的环境要素——非人动物的问题上,罗马人从不掩饰其对摆脱人类中心主义的孜孜以求。基于人与非人动物具有相似性而存在某种生灵

---

① 参见[美]J. 唐纳德·休斯:《世界环境史——人类在地球生命中的角色转变》,赵长凤、王宁、张爱萍译,电子工业出版社 2014 年版,第 81~82 页。

命运共同体的理念成为罗马法文化的主流。规范意义上的自然法概念的提出并被置于整个(优士丁尼)罗马法体系的中心位置,则将生灵命运共同体从空洞性的理念转化为实在性的法的共同体。在具体规范层面,凸显非人动物的生命特性的“动物性”成为法学家们关注的焦点,并在此基础上建构了某些取决于非人动物的心性和行为的法律制度。非人动物在罗马法律和文化中的特殊地位此处尽显!这也为我们今天反思人与非人动物之间的关系,重构非人动物的法律地位,提供了一种启思之源。

附录　古罗马的环境保护*

[意大利]约勒·法略莉 著　李飞 译**

罗马人是否认识到对环境的法律保护？老普利尼的《自然史》、西塞罗的《控维勒斯》以及维特鲁威的《建筑十书》清楚地表明，古罗马人表现出对大自然的关注。而通过对水污染的法律禁止、废物的非法排放、铅的使用三个具体实例的分析，可以发现：虽然“令状”“倒泼或投掷之诉”“否定之诉”这三种私法上的程序性工具在保护环境方面间接产生了一些法律效果，但其首要的旨趣并非保护环境而是保护个人利益。因此，从公私法划分的角度来看，很难说古罗马人的时代不存在环境保护法这样一个法律部门。

---

* 本文系作者于2012年4月11日在厦门大学法学院所作讲座的文字稿，原发表于《厦门大学学报》(哲学社会科学版)2012年第4期，后被《新华文摘》2012年第20期全文转载。本译文发表时略有删改，现将未删改版原译文收录于本书。

** 约勒·法略莉(Iole Fargnoli)，瑞士伯尔尼大学暨意大利米兰大学法学院教授。李飞，华侨大学法学院副教授，华侨大学地方法治研究中心研究员。

一、引言

古罗马的博物学家老普林尼曾在巨著《自然史》中批评其公元1世纪的同时代人对其活动给大自然所带来的破坏毫无担忧：

老普林尼：《自然史》33,21,73：根据呼声和人群的情况，观察员可以下达命令让矿工们走开，同时他自己也可以从有利的地点迅速跑掉。裂开的高山像碎片一样，难以想象地倒塌下来，并且伴随着一阵同样难以置信的狂风。胜利者们凝望着大自然的轰然倒塌。甚至在没有发现黄金，在他们不掌握任何确切标志，表明在他们开始挖掘的时候这里有什么东西的情况下，只不过是为了自己大发意外之财的希望，就成了他们从事如此危险和耗费巨大的工作充分理由。

老普林尼在此还描述了由于搜寻黄金的活动导致的山体崩塌。① 他看到，他的同时代人对于大自然毫不担忧，他们只想着获得收益以建造豪宅。② 姑且不说这个，他还看到，人类只着眼于收益的一门心思破坏着大自然。

---

① 关于这个片段，最近的作品是劳拉·索利多罗·玛罗蒂（Laura Solidoro Maruotti）：《环境保护的历史演进·古代世界的经验》，都灵：Giappichelli出版社2009年版，第14章。

② 此外，还可参见老普林尼：《自然史》36,1,1-3。

以老普林尼的这个片段，特别是其中“胜利者们凝望着大自然的轰然倒塌”这几个简洁的词汇作为开篇，我是想在后文深入研究三个片段，在我看来，这三个片段鲜明地展现了人类对大自然的干预所带来的危险在古罗马时代已经达到何等程度。

（一）老普林尼：《自然史》

老普林尼在其《自然史》第18卷中写道：

老普林尼：《自然史》18，1，3：我们在箭头和铁器上涂抹一些有害物质，这些物质污染了河流和大自然的一些要素，因此我们将那些我们所赖以生存的东西变成了有害的。不要认为动物对这些有害物质一无所知，我们已经指出过它们在与蛇的斗争中所采取的一些预防措施，以及在被蛇伤到后所采取的一些治疗手段。然而除人类外，其他动物都不懂得使用别的动物的毒物进行斗争。

在该片段中老普林尼提到，其同类污染了河流，因此破坏了大自然。[①] 他将人类与其他动物进行了对比，并注意到，与其他动物不同，只有人类使用自身以外的毒物制造枪箭。这就有力地展示了人类是如何利用自身的优势而自私地攫取大自然的各种要素的。

---

① 对此，特别参见安东尼奥·马扎里诺（Antonio Mazzarino）：《一个关于污染的古老文本》，载《Helikon：古典传统与文化杂志》1969—1970年第9~10期。

(二)西塞罗:《控维勒斯》

另一个值得注意的文本是西塞罗对罗马城内的恶臭气味的描述:

西塞罗:《控维勒斯》2,5,7:但在春天开始的时候——他并不是根据西风或(望见)某些星星来判断春天的到来,而是认为在看到玫瑰花时春天就开始了——他投身于劳作和旅行。在这个时节,他总表现得能够吃苦耐劳、不知疲倦,从未有人见过他骑马。实际上,就像比提尼亚的国王的习惯一样,他坐着八抬的肩舆,背靠用马耳他的布料缝制的、装满玫瑰花瓣的透明枕垫;而他本人,头上和脖子上各戴一个花冠,鼻子前还放着一个用最精细的亚麻缝制的、有着细密网眼的、装满玫瑰花瓣的香包。

古罗马政治家和演说家西塞罗在这个片段中讲述的是,于公元前 73 年至公元前 71 年担任西西里行省总督的盖尤斯 · 利奇纽斯 · 维勒斯(Gaius Licinius Verres)经常在旅行时戴两个花冠;鼻子前还放着一个装满玫瑰花瓣的亚麻香包。维勒斯这么做的目的在于抵御来自城市下水道的恶臭气味,这就意味着罗马的废水排放存在问题。

(三)维特鲁威:《建筑十书》

最后,在其著作《建筑十书》的一个片段中,维特鲁威描述了陶管相对于铅管所具有的优点,这些在铺设水管时可加以有效利用:

维特鲁威:《建筑十书》8,6,10-11:然而陶管有下列优点:首先,即使在铺设时出现差错,任何人都可以进行修复。其次,陶管中的水比铅管中的水要有益于健康的多。因为铅会产生铅白,据说它对人体有害,所以铅管被认为是不好的。因此,如果某物所产生的东西是有害的,那么毫无疑问它本身也是有害的。

我们还可以举铅工的例子,他们的肤色都是苍白的。

古罗马的建筑师和建筑理论家维特鲁威在此强调了为铺设水管之用的铅管的危害,以及安装陶管具有的一些好处,因此陶管更为可取。他指出,陶管更便于修复,流经陶管的水也更有益于健康。此外,他还认为,铅管对健康有害。对此,维特鲁威提出的一个具体论据是铅工们苍白的肤色。①

总的来看,上述三个文本清楚地表明,罗马人——至少这些作者们以及精英阶层——表现出对大自然的

---

① 关于铅的问题,参见汉斯·施瓦泰克(Hans Schwerteck):《铅》,载胡伯特·坎奇克(Hubert Cancik)、赫尔姆斯·施耐德(Helmuth Schneider)主编:《新保利·古代百科全书·古代》(第2卷:Ark-Ci),斯图加特:Metzler出版社1997年版,第707页及以后。众所周知,在罗马,人们经常遭受铅中毒,因此可以推断,罗马的水管很可能是铅管。某些历史学家甚至将铅中毒视为罗马帝国衰落的原因之一。对此,参见下文“铅的使用及排放物”。

关注,并且有时还对大自然持有某种保护性的态度。①我要提的第一个问题并非社会人类学的问题而是法律上的问题:古罗马的法学家是否已经提出了环境保护的方式? 接着我会通过几个具体的实例将该问题进一步深化,并尝试提出一个解释性的建议。

---

① 众多学者都曾一般性地提到古代世界的生态问题,其中有:斯特凡·文克(Stefan Winkle):《古罗马的卫生与生态条件以及由此所采取的城市卫生措施》,载《汉堡医学杂志》1984年第6、8期;亚历克斯·斯考比(Alex Scobie):《罗马世界的贫民区、卫生与死亡率》,载《Klio:历史研究季刊》1986年第2期;保罗·菲德利(Paolo Fedeli):《被破坏的大自然:生态与罗马世界》,巴勒莫:Sellerio出版社1990年版;卡尔—威尔海姆·韦伯(Karl-Wilhelm Weeber):《阿提卡上空的烟雾:古代的环境行为》,苏黎世/慕尼黑:Artemis出版社1990年版;古德伦·弗德勒(Gudrun Vögler):《生态希腊人与绿色罗马人?》,杜塞尔多夫/苏黎世:Artemis & Winkler出版社1997年版;希尔维欧·潘切拉(Silvio Panciera):《罗马的城市净化:组织与责任人》,载沙维尔·杜普雷—拉文托斯(Xavier Dupré-Raventós)、约瑟普·安东·雷莫拉(Josep Anton Remolá)主编:《城市垃圾:罗马城的废物处理》,罗马:L'Erma di Bretschneider出版社2000年版,第95页及以后;辛格·C.周(Sing C. Chew):《世界生态退化:累积、城市化与森林采伐:公元前3000年—公元2000年》,纽约:Alta Mira出版社2011年版,第86页及以后;埃德瓦多·鲁伊兹·费尔南德斯(Eduardo Ruiz Fernández):《论古罗马的健康与卫生》,载《孔普卢顿罗马法研讨会文集》,2002年,第133页及以后;罗伯特·贝顿(Robert Bedon)、埃拉·赫尔蒙(Ella Hermon)主编:《罗马帝国的观念、实践与环境问题》,利摩日:Pulim出版社2005年版;埃拉·赫尔蒙主编:《罗马帝国对水的综合管理·2006年10月拉瓦尔大学国际研讨会文集》,罗马:"L'Erma" di Bretschneider出版社2008年版;卢卡斯·梭曼(Lukas Thommen):《古代环境史》,慕尼黑:Beck出版社2009年版;琴齐娅·贝阿尔佐特(Cinzia Bearzot):《古代世界的人与环境》,载《经济与金融高等研究院杂志》2010年第7/2期。

二、罗马法研究文献的现状

关于古罗马的环境保护问题,一方面,近年来的法学文献附带地有所涉及;另一方面,对此在解释上尚未形成一致意见。在此,我仅限于谈及一些讨论的要点。

研究古罗马的环境保护问题的先驱是恩佐·纳尔蒂(Enzo Nardi),[①]他于1984年首次将古罗马文献中涉及污染问题的片段择选出来做成一个清单。

更为精细的当数安德烈·迪·波尔多(Andrea Di Porto)的作品[《告示与判例之间的健康保护·Ⅰ·拉贝奥的角色》(米兰,1990年)],曾有一篇专题论文[②]对该作品进行了评析并将之与其他文献[③]做了对比。在这部作品中,迪·波尔多首次使用了"健康保护"的表达。他的研究仅限于共和晚期至帝政早期,这是颇有意味的,因为在这段时期罗马城迅速膨胀,人口数量急剧增长。迪·波尔多认为,法学家特别是拉贝奥曾

---

① 恩佐·纳尔蒂:《污染与罗马》,载《蒂托·卡尔纳奇尼(Tito Carnacini)纪念文集》(第3卷),米兰:Giuffrè出版社1984年版,第755页及以后。

② 贝托尔德·库皮施(Berthold Kupisch):《对迪·波尔多的〈告示与判例之间的健康保护·Ⅰ·拉贝奥的角色〉的评论》,载《Iura》1990年第41期。

③ 阿尔贝托·布尔兑塞(Alberto Burdese):《环境的私法保护与罗马法》,载《民法杂志》1989年第35期。

做出一些关于环境保护的解答。在后来的论文[①]中，迪·波尔多开始关注城市污染的具体方面。

就这同一个研究领域来说，还有德国的雷纳特·费舍尔（Renate Fischer），[②]他是尝试对所谓“古罗马的环境保护”的各个方面进行系统考察的第一人。他首先假设，罗马人知道一些环境保护的方式，他根据主题范围的不同将这些方式分类如下：水的保护、关于卫生的规定、针对排放物的保护、河流与森林的保护。[③]

罗马人并未将环境保护作为法律规定的首要任务，这一点已经为安德烈斯·瓦克（Andreas Wacke）在其关于罗马法中的环境保护的论文所证明。[④] 但他承认，有一些个别规定，通过对个体的私人财产的保护达到了保护环境的目的。[⑤] 然而这就产生一个问题，各种保护手段是不是由“对环境破坏的反思”这样一种基本思想支撑起来的。举一个例子，罗马城的居民一直以来都以最佳的方式管理和确保城市的卫生，这可

---

① 安德烈·迪·波尔多：《共和晚期至帝政早期之间罗马的垃圾管理：对一种“模式”的考察》，载费里恰诺·塞劳（Feliciano Serrao）主编：《社会—法：众弟子向费里恰诺·塞劳的献礼》，那波里：Jovene出版社1999年版，第41页及以后。

② 雷纳特·费舍尔：《罗马法中的环境保护的规定》，亚琛：Shaker出版社1996年版。

③ 弗朗切斯卡·拉姆贝尔蒂（Francesca Lamberti）：《罗马的“责任原则”?》，载《Labeo》1999年第45期。

④ 安德烈斯·瓦克：《罗马法中的环境保护?》，载《罗马法领域》2002年第7期。

⑤ 安德烈斯·瓦克：《罗马法中的环境保护?》，载《罗马法领域》2002年第7期。

能就产生于某种共同的基本观念。

“罗马法中关于环境问题的先例”是何塞·路易斯·萨莫拉·曼萨诺(José Luis Zamora Manzano)最近一本专著的标题。[①] 作者认为,古罗马对环境的各个方面,尤其是对水和森林,存在系统的保护;毫无疑问,罗马人已经认识到并建立起这种系统性的保护。

这本西班牙专著受到马里奥·菲奥伦蒂尼(Mario Fiorentini)的批判性评论。[②] 菲奥伦蒂尼反驳道,一方面,罗马人认识到污染的问题,但另一方面,他们肯定没有达到今天我们对环境问题的认识程度,认为罗马人有充分的保护手段只不过是对原始文献进行人为操纵的结果。[③]

劳拉·索利多罗·玛罗蒂谈论了环境保护的一些事例。[④] 他在明确列举了所有的主要问题之后得出结论:古代的环境问题与罗马人的思想及其对大自然的态度是分不开的。

关于罗马的环境保护问题以及某些原始文献是否可以在罗马世界的环境保护的意义上来理解,在研究

---

① 何塞·路易斯·萨莫拉·曼萨诺:《环境法的罗马先例:水污染、污水管道与森林的非法采伐》,马德里:Edisofer 出版社 2003 年版。

② 马里奥·菲奥伦蒂尼:《罗马的环境法先例? · I ·水的污染》,载《Index》2006 年第 34 期;马里奥·菲奥伦蒂尼:《罗马的环境法先例? · Ⅱ ·森林的保护》,载《Index》2007 年第 35 期。

③ 参见马里奥·菲奥伦蒂尼:《法与健康:罗马的环境法先例? · I ·水的污染》,载《Index》2006 年第 34 期。

④ 参见劳拉·索利多罗·玛罗蒂:《环境保护的历史演进·古代世界的经验》,都灵:Giappichelli 出版社 2009 年版。

文献中实际上是存在争议的，在人们的论述中经常会出现一些相互冲突的观点。

三、三个具体的实例

接下来，我不打算列举罗马人知道的与环境保护有关的各种程序性工具，而是要举出三个与前文提到的文学文献有关的具体实例。因此，首先我会谈到在水污染情形的法律保护问题，其次会谈到废物的非法排放问题，最后会谈到铅在罗马的使用问题。

（一）水污染及令状

老普林尼的片段（《自然史》18，1，3）中提到对河流和大自然的其他一些要素的毒害，这就提供了将之与水污染问题进行对比的机会。在法律文献中，人们经常可以发现对水道中的水进行保护的程序性救济，此等救济主要是通过令状来实现的。这些裁判官的救济通过某种简易程序提供了快捷的法律保护，也为将来通过普通程序进行保护提供了可能。① 实际上，无论在当时还是现在，为避免出现不可修复的损害，获得某种比普通程序更加快捷的法律保护，可能是必要的。

“关于日常用水和夏季用水的令状”（*Interdictum de aqua cottidiana et aestiva*）针对的是认为有权阻止你

① 对于环境问题特别具有意味的是禁止性的令状和恢复原状性的令状，后者包含一项旨在恢复原状的命令。

将水引入水道之人。[1] 该令状的适用前提是对引水役权的有效行使且不存在瑕疵。[2] 此外,使人以为他享有引水役权之人,即使并非役权的实际权利人,在通过司法确定该权利的归属之前,他同样受到保护,尽管这种保护是只是暂时性的。这种裁判官救济的被告是以某种方式干预此等引水之人。

特别有意味的是法学家们尤其是古典时期的法学家拉贝奥解释"关于日常用水和夏季用水的令状"这种裁判官救济的方式:

D. 43,20,1,27. 乌尔比安:《告示评注》第 70 卷:拉贝奥认为,通过这种令状,如果去年就已经合法地从你的土地上引水的某人在该土地上建筑、挖掘、播种、砍伐和修剪,且如此而为将污染、损害、破坏水质或使水质恶化,你可以禁止他的此等行为。拉贝奥说,同样的令状也授予夏季用水。

拉贝奥通过禁止第三人将他人之水弄脏、污染、使其变得无法使用或使水质恶化,扩张了该令状的适用范围。任何人在他人土地上实施某种行为,可能招致

---

① D. 43,20,1pr. 乌尔比安:《告示评注》第 70 卷:裁判官说:"如果你去年曾从该水渠中引水,且无暴力、无隐匿、无临时受让,我禁止使用暴力阻止你以与去年相同的方式引水。"关于水的保护,通常参见拉布鲁纳(L. Labruna):《罗马与环境法》,载埃拉·赫尔蒙主编:《罗马帝国对水的综合管理·2006 年 10 月拉瓦尔大学国际研讨会文集》,罗马:"L'Erma" di Bretschneider 出版社 2008 年版,第 277 页及以后。

② 马克斯·卡泽尔(Max Kaser):《罗马私法》(第一部分:罗马古法、前古典法与古典法)(第 2 版),慕尼黑:Beck 出版社 1971 年版,第 447 页。

类似损害的，针对此人也可以请求发布“关于日常用水和夏季用水的令状”。此后，拉贝奥对这种裁判官救济的解释被进一步扩张：该令状不仅针对阻止引水之人，而且一般性地针对危害水道之清洁的任何人。

引水权还通过“关于水道的令状”（*Interdictum de rivis*）①得到保护。这种令状尤其针对的是水渠、水沟和下水道的清洁：裁判官以此惩处阻止清洁水道的任何人。

“关于水源的令状”（*Interdictum de fonte*）②的客体是对水源的净化。③ 因此，该令状似乎还涉及大海、喷泉和鱼塘。④ 该令状还保护那些享有引水权的人，他们可依此对抗阻止对水源实施治理措施的任何人。

撇开引水不谈，针对“以暴力或隐匿所做之事”（*quod vi aut clam*）的恢复原状令状也是一种重要的裁

---

① D. 43,21,1,pr. 乌尔比安：《告示评注》第70卷：裁判官说：“如果享有引水权的某人以与去年夏季相同的方式引水，且无暴力、无隐匿、无临时受让，我禁止使用暴力阻止他为了引水之目的而对水渠、水沟或蓄水池进行清理或修缮。”

② D. 43,22,1,6. 乌尔比安：《告示评注》第70卷：裁判官又说：“如果你以与去年相同的方式使用系争的水源，且无暴力、无隐匿、无临时受让，我禁止使用暴力阻止你为保用水源而对其进行的清理或修缮。”

③ 参见雷纳特·费舍尔：《罗马法中的环境保护的规定》，亚琛：Shaker出版社1996年版，第35页。

④ Cfr. D. 43,22,1,10.（乌尔比安：《告示评注》第70卷）。

判官救济。[①] 这种令状的目的在于使事物实际恢复到先前的状况。因此,在损坏或毁灭的情形,行为人支付的罚金总额不得超过损失价值的两倍,但必须或可以“在移除所做的任何变更后返还原物”。[②] 在这种令状中,原告主要是其土地遭受损坏或毁灭的土地所有权人。此外,对土地不发生损毁享有利益的任何人都可以请求授予此等令状,[③]这是一把适用于各个领域和各种目的的万能钥匙。基于一方当事人的请求,针对在他人土地上实施的各种暴力行为[④]或隐匿行为,因

---

① 关于这种令状,参见米迦勒·莱纳(Michael Rainer):《古典罗马法中对建筑和相邻关系的法律规定》,格拉茨:Leykam 出版社 1987 年版,第 234 页及以后;阿尔贝托·布尔兑塞(《古典时代的建筑制度和相邻关系》,载《Labeo》1989 年第 35 期)对此做了评论;迪·波尔多:《告示与判例之间的健康保护·I·拉贝奥的角色》,米兰:Giuffrè 出版社 1990 年版,第 3 页及以后;路易吉·卡波格罗西·科洛涅西(Luigi Capogrossi Colognesi):《针对“以暴力或隐匿所做之事”的令状及其适用范围》,载《Index》1993 年第 21 期;路易吉·卡波格罗西·科洛涅西:《在土地所有权的边缘》,罗马:La Sapienza 出版社 1996 年版,第 1 页及以后;何塞·玛利亚·亚诺斯·皮塔奇(José María Llanos Pitarch):《占有的返还》,卡斯特利翁:J. V. Ediciones 出版社 1995 年版,第 59 页及以后;雷纳特·费舍尔:《罗马法中的环境保护的规定》,亚琛:Shaker 出版社 1996 年版;约勒·法略莉:《“针对以暴力或隐匿所做之事的令状”的原告资格研究》,米兰:Giuffrè 出版社 1998 年版,第 1 页及以后,及注释 1 提到的其他文献。

② 特别参见 D. 43,24,11,14(乌尔比安:《告示评注》第 71 卷)。

③ 关于这种令状的原告,参加约勒·法略莉:《“针对以暴力或隐匿所做之事的令状”的原告资格研究》,米兰:Giuffrè 出版社 1998 年版,第 47 页及以后。

④ 关于“以暴力所做之事”的确切含义,是指违反所有权人的意愿或者违反事前禁止此等行为之人的意愿而实施的行为。参见约勒·法略莉:《“针对以暴力或隐匿所做之事的令状”的原告资格研究》,米兰:Giuffrè 出版社 1998 年版,第 8 页及以后,及注释 33。

而也就是针对变更土地状况或者使土地发生变化的各种活动,裁判官授予此等程序性的救济。

特别重要的是《学说汇纂》中的一个片段:

D. 43,24,11pr. 乌尔比安:《告示评注》第 71 卷:拉贝奥说,任何人向邻人的水井中倾倒某物,目的在于破坏水质的,应根据以暴力或隐匿所做之事的令状承担责任,因为活水被视为土地的一部分,他这么做就像是在水中实施了某项活动。

拉贝奥将该令状适用于污染水井之水的情形。[1]很明显,授予这种救济是为了避免弄脏整个水道中的水,其被告是行为的实施者,而原告是水井的所有权人,但鉴于这种救济适用范围较广,可以认为,对水道中的水不被污染享有利益的任何人都可以请求授予此等令状。保罗在《学说汇纂》的如下一个片段中举的例子证明了这种认识:

D. 43,24,16,1. 保罗:《告示评注》第 67 卷:如果某人以暴力或隐匿砍伐了不结果实的树木,例如柏树,仅所有权人可以请求授予此等令状。但如果这种树木能够让人赏心悦目,在提供感官享受这个意义上可以说用益权人也享有利益,他也可以请求授予此等令状。

对于前文提到的问题,这个片段颇有意味,尽管它并不涉及对水的保护,而是关乎对自然风光和大自然

---

① 参见马克斯·卡泽尔、卡尔·哈克尔(Karl Hackl):《罗马的民事诉讼法》(第 2 版),慕尼黑:Beck 出版社 1996 年版。

之美的保护。[1] 在这个片段中，保罗描述了某人非法砍伐柏树的情形。这就产生了需要确定“针对以暴力或隐匿所做之事的令状”(*Interdictum quod vi aut clam*)由谁提出的问题。法学家的回答是，应这样来理解：不仅土地的所有权人可以作为原告，用益权人也可以。保罗对此所给出的理由是，用益权人不能再享受柏树带来的“美景”，由此不仅给柏树生长于斯的土地的所有权人造成损害，而且给土地的限制物权的权利人造成损害。保罗的解答很有启发意义，因为柏树是不结果实的树木，其所有权人对它们感兴趣仅仅出于情感和审美方面的原因。此外，用益权人的权能不受任何限制，特别是并不禁止他收取物的孳息，还可以请求裁判官的保护。可以肯定的是，保罗承认对某物的情感利益——精心布置的环境的审美价值——在遭到减损时可以要求金钱赔偿。[2] 在古典法学中，区域场所的美景虽然只是在例外情况下才因其情感性的利益而非经济性的利

---

① 关于这个片段，参见海因里希·洪塞尔(Heinrich Honsell)：《诚信审判中的利益：罗马侵权法研究》，慕尼黑：Beck 出版社 1969 年版，第 156 页；弗里茨·拉贝尔(Fritz Raber)：《“情感价金”(*pretium affectionis*)研究》，载弗兰茨·霍拉克(Franz Horak)、沃尔夫冈·瓦尔德施泰因(Wolfgang Waldstein)主编：《阿诺尔德·赫尔德里茨卡(Arnold Herdlitczka)纪念文集》，慕尼黑/萨尔茨堡：Fink 出版社 1972 年版，第 209 页；弗兰茨·霍拉克：《罗马法学家中的审美问题》，载《Iura》1987 年第 38 期；弗朗切斯科·穆苏梅奇(Francesco Musumeci)：《环境保护与罗马法》，载《Index》1992 年第 20 期。

② 参见安德烈斯·瓦克：《罗马法中的环境保护?》，载《罗马法领域》2002 年第 7 期。

益受保护,但这种可能性的实现确实是由于"针对以暴力或隐匿所做之事的令状"的适用范围之广。

(二)污水的非法排放

从前文引述的西塞罗的片段(《控维勒斯》2,5,7)中可以推断出,罗马城的空气被产生于下水道的气味,特别是由于水的净化不充分所产生的气味污染。

1."关于下水道的令状"(*Interdictum de cloacis*)

私人下水道是"关于下水道的"禁止性令状的适用对象。为避免淤泥沉入下水道并散发出恶臭的气味,下水道要用城市间的长途水道中的水来冲洗。通过上述令状,禁止任何人阻碍对下水道进行清理或修缮。[1] 除此之外,还承认一种恢复原状性的令状,裁判官是这样规定其内容的:

D.43,23,1,15.乌尔比安:《告示评注》第71卷:裁判官又说:"如果你对公共下水道做某事或向其中投入某物,从而恶化或可能恶化其使用,你应当使之恢复原状。我还将发布一项令状,禁止(对公共下水道)做任何事或(向其中)投入任何物。"

这里涉及的是裁判官命令使事物恢复到先前的实

① D.43,23,1,pr.乌尔比安:《告示评注》第71卷:裁判官说:"我禁止使用暴力阻止你清理或修缮系争的、从他的房子延伸到你的房子的下水道。对于因此等活动的瑕疵可能造成的任何损害,我将命令提供担保。"此外,参见迪·波尔多:《告示与判例之间的健康保护·Ⅰ·拉贝奥的角色》,米兰:Giuffrè出版社1990年版,第118页及以后;雷纳特·费舍尔:《罗马法中的环境保护的规定》,亚琛:Shaker出版社1996年版,第71页。

际状况,例如,当某人向公共下水道投掷某物时,适用此等命令。根据告示的内容,除这项恢复原状性的令状之外,还存在一项关于公共下水道的禁止性的令状。[①] 这两项关于下水道的令状被法学家扩张适用于其下水道与水渠连接在一起的居民,实际上这么做的目的在于,防止将脏水引向街道。

2. 针对(从建筑物向街道上)倒泼或投掷某物之人的诉讼[②]

在水的净化和垃圾的清除的问题上,诗人尤文纳里斯(Iuvenalis)的讽刺诗非常有名:

尤文纳里斯:《讽刺诗》3,5,198-200; 3,5,247-248; 3,5,268; 3,5,273-275:

……

乌卡勒冈开始大喊求水,同时丢弃碎旧无用之物。

你住的三楼已烟火四溢:你却懵然所知。

如果警报从一楼响起,

……

我的腿上沾满泥浆,一双双大脚从四面八方向我踩踏而来……

……

① D. 43,23,1,1(乌尔比安:《告示评注》第71卷);迪·波尔多:《告示与判例之间的健康保护·I·拉贝奥的角色》,米兰Giuffrè出版社1990年版,第119页、第139页及以后;劳拉·索利多罗·玛罗蒂:《环境保护的历史演进·古代世界的经验》,都灵:Giappichelli出版社2009年版,第89页。

② 即"倒泼或投掷之诉"(*Actio de effusis vel deiectis*)。——译者注

现在我们来看下在夜晚都有哪些危险：

……

如果你未立遗嘱就出门用晚餐，那就太粗心大意考虑不周延，

因为不知会突发什么事故让你不安全。

如果在夜间行走，每扇打开的窗户都紧盯着你，随时让你命丧黄泉。

……

多亏了尤文纳里斯我们才知道，事先未立遗嘱就在夜间漫步于罗马城是多么的危险。为了清除家里的垃圾，人们毫不犹豫地将污水和赃物抛向窗外。[①] 比如，人们将夜壶倒向街道。这里说的是住在公寓楼（*Insulae*）里的居民。（公寓楼的房屋租金，楼层越高租金越低，因为住得越高越危险，对生活空间的管理也越麻烦。）行人和街道的使用者深受其害。[②]

---

① 对此，参见汉斯·彼得·瓦尔特（Hans Peter Walter）、克里斯托夫·霍尔尼（Christoph Hurni）：《信托体系中的责任·倒泼或投掷之诉的严格责任》，载帕斯科·皮丘纳兹（Pascal Pichonnaz）、奈迪姆·彼得·沃格特（Nedim Peter Vogt）、斯特凡·沃尔夫（Stephan Wolf）主编：《罗马法的行迹：布鲁诺·胡维勒（Bruno Huwiler）六十五诞辰纪念文集》，伯尔尼：Stämpfli 出版社 2007 年版，第 677 页及以后；雷纳特·费舍尔：《罗马法中的环境保护的规定》，亚琛：Shaker 出版社 1996 年版，第 88 页；罗兰德·魏特曼（Roland Wittmann）：《古典罗马法中对自由的侵害》，慕尼黑：Beck 出版社 1972 年版，第 63 页，及其提到的其他文献。

② 克里斯托夫·霍克（Christoph Höcker）：《公寓楼（*Insula*）》，载胡伯特·坎奇克、赫尔姆斯·施耐德主编：《新保利·古代百科全书·古代》（第 5 卷：Gru-Iug），斯图加特/魏玛：Metzler 出版社 1998 年版，第 1024 页及以后。

为解决此等问题,裁判官在针对(从建筑物向街道上)倒泼或投掷某物之人的告示中,规定了通过罚金之诉的法律保护。乌尔比安的一则评注揭示了其适用的前提:

D. 9,3,1pr. 乌尔比安:《告示评注》第23卷:对于投掷或倒泼(某物)之人,裁判官说:“如果从某处向人们经常通行或逗留之地投掷或倒泼某物,针对居住在那里之人,我将给予双倍于它所造成的损害之诉。如果证明一名自由人被击中而死亡,我将给予50金币之诉;如果他活着,但证明受到伤害,我将给予审理该案的法官认为应判处被告支付的公平数额之诉。如果证明是一名奴隶实施了该行为,他的主人对此不知的,我将在程式中加上:或者损害投偿。”

法律所惩罚的行为是从窗户向外投掷某物或从建筑物向外倒泼液体。所涉及的必须是实际上被用于公共通行的地段,特别是街道和小径,至于是私人的还是公共的,在所不问。[①] 此外,必须证明存在通常认为的实际损害:要么是某物(车辆、马匹或奴隶)遭受损害,要么是行人(自由的罗马市民)遭受伤害

① 参见D. 9,3,1,2(乌尔比安:《告示评注》第23卷);赖因哈德·齐默尔曼(Reinhard Zimmermann):《倒泼或投掷》,载迪特·梅迪库斯(Dieter Medicus)、汉斯—约阿希姆·迈腾斯(Hans-Joachim Mertens)、克努特·沃尔夫冈·诺尔(Knut Wolfgang Nörr)、沃尔夫冈·佐尔纳(Wolfgang Zöllner)主编:《1992年1月24日赫尔曼·朗格(Hermann Lange)七十诞辰纪念文集》,斯图加特/柏林/科隆:Kohlhammer出版社1992年版,第304页,及其提到的其他文献。

或死亡。被告往往是居住在那里(向外投掷或倒泼某物之处)之人,因此被告不一定是实际向外投掷或倒泼某物的行为人。这就意味着,住客,即使是住在客房里,由于这不是一个固定的住所,无需对损害承担责任,应当承担责任的是房子的主人。① 至于是故意从窗户向外投掷某物,还是某物因疏忽而掉落,或者没有过错,只是由于意外而掉落,无关紧要:无论私犯发生时是否在家,居民均应对造成的损害承担责任。②

关于“倒泼或投掷之诉”的原告,乌尔比安的一个片段告诉我们:

D.9,3,1,1.乌尔比安:《告示评注》第23卷:**没有人会否认,裁判官发布此等告示是为了公众的最大利益,即在街道上通行时不会有担忧或危险。**

法学家乌尔比安有力地强调了裁判官以这种诉讼来保障交通的顺畅。③ 任何人均可以提起该诉讼。随

① 参见D.9,3,1,9(乌尔比安:《告示评注》第23卷)。关于倒泼或投掷之诉在苏格兰法中的具体适用,参见彼得·斯泰因(Peter Stein):《倒泼或投掷之诉与苏格兰法中的准私犯概念》,载《国际法与比较法季刊》1995年第4期,第356页及以后。

② 参见D.9,3,1,3(乌尔比安:《告示评注》第23卷)。

③ 赖因哈德·齐默尔曼:《倒泼或投掷》,载迪特·梅迪库斯、汉斯—约阿希姆·迈腾斯、克努特·沃尔夫冈·诺尔、沃尔夫冈·佐尔纳主编:《1992年1月24日赫尔曼·朗格七十诞辰纪念文集》,斯图加特/柏林/科隆:Kohlhammer出版社1992年版,第303页。关于这种诉讼的原告资格的扩张,参见弗兰科·卡萨沃拉(Franco Casavola):《罗马的民众诉讼研究·民众诉讼》,那波里:Jovene出版社1958年版,第147页及以后。

着原告资格的扩张，倒泼或投掷之诉的保护范围包括街道、小径、某些区域和人们经常出入的其他场所。[①]因此，这种保护的观念明显是出于公共利益的考量，这种诉讼被确认为是一种民众诉讼。[②]

（三）铅的使用及排放物

维特鲁威的片段（《建筑十书》8，6，10–11）对铅的使用的危害性进行了一般性的考察。一般来说，罗马人将铅用于各种目的：不仅用于水管，而且用于各种器皿、儿童玩具、公共演出的入场券、投票箱、化妆品、货币和许多其他物品。铅的使用在现代文献中经常被讨论，因为在19世纪的前25年人们认为，铅中毒导致了罗马帝国贵族阶级的消亡，因此是罗马世界衰落的原因之一。一些学者分析了与罗马市民的食物和临床统

---

① 汉斯·彼得·瓦尔特、克里斯托夫·霍尔尼：《信托体系中的责任·倒泼或投掷之诉的严格责任》，载帕斯科·皮丘纳兹、奈迪姆·彼得·沃格特、斯特凡·沃尔夫主编：《罗马法的行迹：布鲁诺·胡维勒六十五诞辰纪念文集》，伯尔尼：Stämpfli 出版社2007年版，第685页。如今，我们有一套有效的废水和垃圾回收制度，有行政法来确保街道的安全，通过公法来保护公共利益。因此，在这个领域，不必再通过主要是预防性的倒泼或投掷之诉来进行私人保护。但在今天，尽管人们居住条件和卫生条件已大为改观，这种诉讼仍保留在《奥地利民法典（AGBG）》第1318条中。

② 特别参见D. 9，3，5，13（乌尔比安：《告示评注》第23卷）以及弗兰科·卡萨沃拉：《罗马的民众诉讼研究·民众诉讼》，那波里：Jovene出版社1958年版，第165页及以后。

计有关的古典时期的博物学家的论述,[①]他们发现,已经被证实,铅只在古典时期的人的骨骼中大量存在。[②]然而这一观点受到强烈批判,批判者的论据是,铅管中的石灰石(碳酸钙)可以吸收这种有害的铅。[③]

但在此我们感兴趣的并非这种观点及其批判,而是在加工铅时如果产生排放物,是否存在某种法律保护。事实上,为获得铅而在熔炉里加热石头时会产生有毒的烟雾和蒸汽。[④] 在缺少有关铅的排放物的法律原始文献的情况下,考察《学说汇纂》中的一则著名片段会有所帮助,该片段描述了奶酪作坊产生的排放物:

---

① 主要有亚历山大·亨德森(Alexander Henderson):《古今葡萄酒的历史》,伦敦:Baldwin, Cradock, and Joy 出版社 1824 年版,第 339 页;卡尔·贝特霍尔德·霍夫曼(Karl Berthold Hofmann):《从卫生的角度看希腊人和罗马人的饮料》,载《德国档案之医学和医学地理学的历史》1883 年第 6 期;卡尔·贝特霍尔德·霍夫曼:《古代各国的铅》,柏林:C. Habel 出版社 1885 年版,第 565 页;鲁道夫·科伯特(Rudolf Kobert):《18 世纪之前的药理学状况》,哈雷:Richard Mühlmann 出版社 1887 年版;鲁道夫·科伯特:《古代的慢性铅中毒》,载《对化学史的贡献:乔治·W. A. 卡尔鲍姆(Georg W. A. Kahlbaum)纪念文集》,莱比锡:Paul Diergart 出版社 1909 年版,第 103 页及以后。

② 迈耶·罗森布拉特(Meyer Rosenblatt):《对慢性铅中毒的认识》,罗斯托克:C. Meyer 出版社 1906 年版,第 107 页及以后。此外还参见劳埃德·格伦费尔·史蒂文森(Lloyd Grenfell Stevenson):《铅中毒的历史》,巴尔的摩:Johns Hopkins University 出版社 1949 年版,第 1~12、404~416 页;科勒姆·吉尔菲兰(S. Colum Gilfillan):《铅中毒与罗马的衰落》,载《职业医学杂志》1965 年第 7 期;卡尔—威尔海姆·韦伯:《面包与马戏:古罗马作为政治的大众娱乐》,美因茨:P. von Zabern 出版社 1994 年版,第 188 页。

③ 阿尔弗雷德·特雷弗·霍奇(Alfred Trevor Hodge):《维特鲁威,铅管与铅中毒》,载《美国考古学杂志》1981 年第 85/4 期。

④ 斯特凡·迈尔(Stefan Meier):《古代的铅》,苏黎世:Universität Zürich 出版社 1995 年版,第 215 页及以后。

D. 8,5,8,5. 乌尔比安:《告示评注》第 17 卷:阿里斯托(Aristo)对切勒流斯·维塔利斯(Cerellius Vitalis)回答道,他不认为奶酪作坊可以合法地向高于它的建筑物排放烟雾,除非上述建筑物被设定了此等役权:这是允许的。他还说道,即使奶酪作坊较高,它也不可以向较低的建筑物排放水或任何其他物。实际上,人们可以对自己的财产实施只要不向他人的财产排放物质的任何行为,例如烟雾和水都是排放物:较高建筑物的所有权人可以对较低建筑物的所有权人提起诉讼,主张后者无权这样做。

阿里斯托是古典时期的法学家,他对切勒流斯·维塔利斯做出上述回答。在这个片段的基础上,可以对排放物的规定进行重构。[①] 如果从邻人的土地上产生的烟雾、水和其他类似排放物超过允许的限度,可以通过"现状占有令状"(*Interdictun uti possidetis*)对邻人提起诉讼;但如果对方不享有此等排放权,他首先可以提起"否定之诉"(*Actio negatoria*)。[②] "否定之诉"属

① 关于与此有关的片段,参见安东尼奥·帕尔玛(Antonio Palma):《相邻关系法:连带关系与古典时期的罗马法中对相邻关系的限制》,都灵:Giappichelli 出版社 1988 年版,第 185 页及以后;皮娅·斯塔拉切(Pia Starace):《阿里斯托与奶酪作坊的烟雾:重读 D. 8,5,8,5 的一点感想》,载科斯莫·卡西奥内(Cosimo Cascione)、卡尔拉·马西(Carla Masi)主编:《信·人性·法(*Fides*, *Humanitas*, *Ius*):路易吉·拉布鲁纳(Luigi Labruna)纪念文集》,那波里:Jovene 出版社 2007 年版,第 5403 页及以后;劳拉·索利多罗·玛罗蒂:《环境保护的历史演进·古代世界的经验》,都灵:Giappichelli 出版社 2009 年版,第 96 页及以后。

② 马克斯·卡泽尔、罗尔夫·克努特尔(Rolf Knütel):《罗马私法研究》(第 19 版),慕尼黑:Beck 出版社 2008 年版,第 23 章第 14 节。

于所有权人,针对的是地役权或用益权或任何类似限制物权的权利人。这种诉讼的目的是使所有权人摆脱此等限制,恢复到先前的状态。但对他人土地享有地役权之人反过来可以证明地役权的存在(因此享有排放权)。

因此,如果一个皮革匠将污水排放到自己的土地上,因而污染了水,但对邻人的土地没有产生影响的,邻人不得提起“否定之诉”。① 在此,我们注意到,这种诉讼只是部分起到了保护环境的效果,而且如果说它包含保护环境的意旨,也只是间接的。

阿里斯托对“否定之诉”的回答表明,只有土地的所有权人而非其他人可以提起否定自己负担地役权之诉,因而也就否定了向自己土地的排放权。由此可以合理地推断,可以同样的方式就铅的排放物提起诉讼。②

① 安德烈斯·瓦克:《罗马法中的环境保护?》,载《罗马法领域》2002年第7期。

② 在排放物损害到某些物(特别是动物或奴隶)的情形,还规定了一种产生于《阿奎流斯法》所规定的私犯的责任。但如果某人只是为了伤害另一个人的人格或身体的完整性而故意制造某些排放物,可以适用“侵辱之诉”。这是所有权人或遭受损害之人手中的另一项法律工具。但几乎没有留给我们任何公法的规定,根据现代的行政法,此等规定通过国家来保护公民免受排放物(特别是工业性排放物)的侵害。此外还存在对市民的交通的限制,尤其是白天驾驶重型车辆通行,如果违反了公共利益(例如为了将粪便运出城外),就会被禁止,这已得到“埃斯奎利诺广场上的裁判官告示”的证实(FIRA,1,306 f. =CIL,6, Suppl. 31614,31615)。

四、结论

为了回答本书开头提出的问题，即罗马人是否认识到对环境的法律保护，我们主要考察了三种不同的程序性救济："令状"、"倒泼或投掷之诉"和"否定之诉"。

在古典罗马法中，裁判官的令状从法律上保护了水道、水渠和水源。这些救济主要适用于某人阻止对水的净化的情形。特别是"关于水的令状"（*Interdictum de aqua*），它的适用范围在罗马法学中得到扩张，被作为打击水污染行为的工具，因此，针对损害了水道中的水的清洁的任何人，都可以一般性地发布裁判官禁令。在这种语境下，还包括"针对以暴力或隐匿所做之事的令状"，它的适用范围很广，甚至适用于非财产性的案件，保护纯情感性和审美性的利益。尤其像拉贝奥的片段所表明的，这种令状也特别适用于环境保护。

在非法排放污水的情形，适用的是"倒泼或投掷之诉"，这种诉讼惩罚的是给行人造成物质损害或人身损害的行为。由于其原告资格扩张到任何利害关系人，因而可以说，这种救济体现了一种保护街道因而也是保护环境的基本思想。

"否定之诉"保护的是免受不当的排放。这种诉讼显然旨在保护私人利益而非对环境的集体保护。如果被侵害的土地所有权人并未觉得受到妨碍，或者与排放者达成了协议,这种排放就是被允许的,尽管造成了明显的污染。从这种诉讼中可以发现罗马法对环境的保护,但也只是间接的。

显而易见,上文研究的三种程序性工具都是私法性的。罗马法基本是私法,但同时要考虑到这样一个事实,即罗马人热衷于发展,并且也确实发展了这方面的法律。由于其人类中心主义的定位,罗马私法本身无力对环境进行系统性的保护。如下事实证明了这一点:现今的环境保护是公法系统调整的,私法通常只在涉及需要保护的个人的主观权利时才针对损害的责任人适用。[①]

上文指出的几种程序性工具,其首要的旨趣确实并非环境保护,但从实际上来看,它们除保护个人利益外,还在环境保护方面间接产生一些法律效果。这之所以成为可能,主要归功于裁判官的介入和法学家的解释,它们从两个不同的角度不断发展古罗马法(市民法)的核心。一方面,裁判官解决具体的社会、技术和法律问题,创造新的程序性救济方式;另一方面,法学家扩大了此等救济——特别是“以暴力或隐匿所做之事的令状”和“倒泼或投掷之诉”——的原告资格的范围,除对个人(环境)利益给予保护外,还间接对集体(环境)利益给予保护。

---

① 约翰·W. 格拉赫(Johann W. Gerlach):《私法与环境法体系中的环境保护》,柏林:Duncker & Humblot 出版社 1989 年版,第 72 页。

最后,很明显,在古罗马人的时代,并不存在环境领域的公法。但为了保护私人利益,裁判官和法学家介入了进来,这也偶尔使环境间接受益。让我以本文开头所援引的老普林尼的片段(中的一句话)来作结语:胜利者们凝望着大自然的轰然倒塌。而对本文开头提出的问题的回答——在法律领域也发现了对环境的担忧——表明,这位博物学家的具有前瞻性的吁叹并非孤鸣!

参考文献

一、著作

[1]A. C. Johnson, P. R. Coleman-Norton and F. C. Bourne, *Ancient Roman Statutes*, Clark, New Jersey: The Lawbook Exchange, Ltd., 2003.

[2]Andrea Di Porto, *La Tutela della《Salubritas》fra Editto e Giurisprudenza (I): Il Ruolo di Labeone*, Milano: Giuffrè, 1990.

[3]Antonio Guarino, *Diritto Privato Romano* (12ª ed.), Napoli: Jovene, 2001.

[4]Antonio Palma, *Iura Vicinitatis: Solidarietà e Limitazioni nel Rapporto di Vicinato in Diritto Romano dell'età Classica*, Torino: Giappichelli, 1988.

[5]Franco Vallocchia, *Studi sugli Acquedotti Pubblici Romai* (Ⅰ-Ⅱ), Napoli: Jovene editore, 2012.

[6]Iole Fargnoli, *Studi sulla Legittimazione Attiva*

all'interdetto quod vi aut clam, Milano: Giuffrè, 1998.

[7] J. Donald Hughes, *Environmental Problems of the Greeks and Romans*, Baltimore: Johns Hopkins University Press, 1996.

[8] J. Donald Hughes, *The Mediterranean: An Environmental History*, Santa Barbara: ABC-CLIO, 2005.

[9] Jérôme Carcopino, *La Vita Quotidiana a Roma all'apogeo dell'Impero (Traduzione Italiana di Eva Omodeo Zona)*, Roma-Bari: Laterza, 1984.

[10] Laura Solidoro Maruotti, *La Tutela dell'ambiente nella sua Evoluzione Storica: L'esperienza del Mondo Antico*, Torino: G. Giappichelli Editore, 2009.

[11] Laura Solidoro Maruotti, *Studi sull'abbandono degli Immobili nel Diritto Romano: Storici, Giuridici, Imperatori*, Napoli: Jovene, 1989.

[12] O. F. Robinson, *Ancient Rome: City Planning and Administration*, London and New York: Routledge, 2005.

[13] P. A. Milani, *La Schiavitù nel Pensiero Politico: Dai Greci al Basso Medio Evo*, Milano: Giuffrè, 1972.

[14] Paolo Fedeli, *La Natura Violata: Ecologia e Mondo Romano*, Palermo: Sellerio, 1990.

[15] Pietro Paolo Onida, *Studi sulla Condizione degli Animali non Umani nel Sistema Giuridico Romano*

(Seconda Edizione), Torino: G. Giappichelli Editore, 2012.

[16] Pliny the Elder, *The Natural History*, John Bostock and H. T. Riley (eds.), London: Taylor and Francis, 1855.

[17] Sergio Beltrani (a cura di), *Istituzioni di Gaio: Traduzione e Commento*, Napoli: Edizione Simone, 1995.

[18] Sextus Julius Frontinus, *De Aquis Urbis Romae*, Text online at http://www.ancienttexts.org/library/latinlibrary/frontinus.html.

[19] Sing C. Chew, *World Ecological Degradation: Accumulation, Urbanization, and Deforestation* 3000 *B. C. –A. D.* 2000, New York: Alta Mira Press, 2001.

[20] Titus Livius, *Livy´s History of Rome*, Ernest Rhys (ed.), translated in English by Rev. Canon Roberts, London: J. M. Dent & Sons, Ltd., 1905.

[21][澳]彼得·辛格、[美]汤姆·雷根编:《动物权利与人类义务》,曾建平、代峰译,张弛校,北京大学出版社 2010 年版。

[22][古罗马]M. P. 加图:《农业志》,马香雪、王阁森译,商务印书馆 1986 年版。

[23][古罗马]M. T. 瓦罗:《论农业》,王家绶译,商务印书馆 1981 年版。

[24][古罗马]卢克莱修:《物性论》,方书春译,

商务印书馆 1981 年版。

[25][古罗马]普林尼:《自然史》,李铁匠译,上海三联书店 2018 年版。

[26][古罗马]撒路斯提乌斯:《喀提林阴谋 朱古达战争》,王以铸、崔妙因译,商务印书馆 1995 年版。

[27][古罗马]塞涅卡:《强者的温柔:塞涅卡伦理文选》,包利民等译,王之光校,中国社会科学出版社 2017 年版。

[28][古罗马]苏维托尼乌斯:《罗马十二帝王传》,张竹明等译,商务印书馆 1995 年版。

[29][古罗马]塔西佗:《编年史》(上册),王以铸、崔妙因译,商务印书馆 1997 年版。

[30][古罗马]塔西佗:《编年史》(下册),王以铸、崔妙因译,商务印书馆 1997 年版。

[31][古罗马]塔西佗:《历史》,王以铸、崔妙因译,商务印书馆 1981 年版。

[32][古罗马]提图斯·李维著,[意]桑德罗·斯奇巴尼选编:《自建城以来》(第一至第十卷选段),王焕生译,中国政法大学出版社 2009 年版。

[33][古罗马]维特鲁威:《建筑十书》,高履泰译,知识产权出版社 2001 年版。

[34][古罗马]西塞罗:《论共和国 论法律》,王焕生译,中国政法大学出版社 1997 年版。

[35][古罗马]西塞罗:《论神性》,石敏敏译,上海三联书店 2007 年版。

[36][古罗马]西塞罗:《论义务》,王焕生译,中国政法大学出版社 1999 年版。

[37][古罗马]西塞罗:《论至善和至恶》,石敏敏译,中国社会科学出版社 2017 年版。

[38][古希腊]斯特拉博:《地理学》(上),李铁匠译,上海三联书店 2014 年版。

[39][古希腊]希罗多德:《历史·希腊波斯战争史》(下册),王以铸译,商务印书馆 1997 年版。

[40][美]J. 唐纳德·休斯:《什么是环境史》,梅雪芹译,北京大学出版社 2008 年版。

[41][美]J. 唐纳德·休斯:《世界环境史——人类在地球生命中的角色转变》,赵长凤、王宁、张爱萍译,电子工业出版社 2014 年版。

[42][美]马立博:《中国环境史:从史前到现代》,关永强、高丽洁译,中国人民大学出版社 2015 年版。

[43][美]汤姆·雷根:《动物权利研究》,李曦译,北京大学出版社 2010 年版。

[44][美]朱莉·霍兰:《厕神:厕所的文明史》,许世鹏译,上海人民出版社 2006 年版。

[45][意]彼德罗·彭梵得:《罗马法教科书》,黄风译,中国政法大学出版社 2005 年版。

[46]曹昊:《与神博弈——斗兽的历史》,清华大学出版社 2019 年版。

[47]陈朝璧:《罗马法原理》,法律出版社 2006 年版。

[48]黄文煌:《阿奎流斯法——大陆法系侵权法的罗马法基础》,中国政法大学出版社 2015 年版。

[49]苗力田主编:《亚里士多德全集》(第 4 卷),中国人民大学出版社 1996 年版。

[50]苗力田主编:《亚里士多德全集》(第 5 卷),中国人民大学出版社 1997 年版。

[51]苗力田主编:《亚里士多德全集》(第 9 卷),中国人民大学出版社 1994 年版。

[52]丘汉平:《罗马法》,朱俊勘校,中国方正出版社 2004 年版。

[53]田丰、李旭明主编:《环境史:从人与自然的关系叙述历史》,商务印书馆 2011 年版。

[54]汪子嵩等:《希腊哲学史》(第 1 卷),人民出版社 1988 年版。

[55]汪子嵩等:《希腊哲学史》(第 2 卷),人民出版社 1993 年版。

[56]汪子嵩等:《希腊哲学史》(第 3 卷),人民出版社 2003 年版。

[57]徐国栋:《〈十二表法〉研究》,商务印书馆 2019 年版。

[58]徐国栋:《优士丁尼〈法学阶梯〉评注》,北京大学出版社 2011 年版。

[59]周枏:《罗马法原论》(下册),商务印书馆 2004 年版。

二、论文

[60] Alberto Burdese, *Tutela Privatistica dell'ambiente e Diritto Romano*, in *Rivista di Diritto Civile*, 1989 (35).

[61] Alfred Trevor Hodge, *Vitruvius*, *Lead Pipes and Lead Poisoning*, in *American Journal of Archaeology*, 1981, 85(4).

[62] Andrea Di Porto, *La Gestione dei Rifiuti a Roma fra Tarda Repubblica e Primo Impero*: *Linee di un 'Modello'*, in Feliciano Serrao (a cura di), *Societas-Ius*: *Munuscula di allievi a Feliciano Serrao*, Napoli: Jovene, 1999.

[63] Antonio Mazzarino, *Un Testo Antico sull'inquinamento*, in *Helikon*, 1969-1970 (9-10).

[64] Cinzia Bearzot, *Uomo e Ambiente nel Mondo Antico*, in *Rivista della Scuola Superiore dell'economia e delle Finanze*, 2010 (7/2).

[65] Enzo Nardi, *Inquinamento e Diritto Romano*, in *Studi in Onore di Tito Carnacini* (3), Milano: Giuffrè, 1984.

[66] Francesco Fasolino, *Prime Considerazioni in tema di Tutela della Salubritas fra III e I Sec. A. C.*, in *Teoria e Storia del Diritto Privato*, 2010 (3).

[67] Iole Fargnoli, *Ruina Naturae e Diritto Roma-*

no, in *Teoria e Storia del Diritto Privato*, 2015 (8).

[68] J. Donald Hughes and J. V. Thirgood, *Deforestation, Erosion, and Forest Management in Ancient Greece and Rome*, in *Journal of Forest History*, 1982, 26 (2).

[69] Lucia Monaco, *Sensibilità Ambientali nel Diritto Romano, tra Prerogative dei Singoli e Bisogni della Collettività*, in *Teoria e Storia del Diritto Privato*, 2012 (5).

[70] Mario Fiorentini, *Precedenti di Diritto Ambientale a Roma? I. La Contaminazione delle Acque*, in *Index*, 2006 (34).

[71] Mario Fiorentini, *Precedenti di Diritto Ambientale a Roma? II. La Tutela Boschiva*, in *Index*, 2007 (35).

[72] Marta Natalia López Gálvez, *Actividades Perjudiciales para la Salubrida del Aire de los Espacios Públicos en el Derecho Romano*, in *Index*, 2006 (34).

[73] Miguel Solanes and Fernando Gonzalez-Villarreal, *The Dublin Principles for Water as Reflected in a Comparative Assessment of Institutional and Legal Arrangements for Integrated Water Resources Management*, TAC Background Paper No. 3, Technical Advisory Committee, Global Water Partnership, Stockholm, 1999.

[74] Pia Starace, *Aristone e i Fumi della Taberna*

Casiaria: *Brevi Spunti per una Rilettura di D.* 8. 5. 8. 5, In Cosimo Cascione e Carla Masi Doria (a cura di), *Fides Humanitas Ius*: *Studii in Onore di Luigi Labruna*, Napoli: Editoriale scientifica, 2007.

[75]Pietro Paolo Onida, *Dall'animale Vivo all'animale Morto*: *Modelli Filosofico-giuridico di Relazioni fragli Esseri Animati*, in *Diritto @ Storia*, 2008 (N. 7), testo online https://www. dirittoestoria. it/7/Tradizione-Romana/Onida-Animale-vivo-morto-modelli-relazioni-esseri-animati. htm.

[76]Silvio Panciera, *Nettezza Urbana a Roma*: *Organizzazione e Responsabili*, in Xavier Dupré-Raventós/Josep Anton Remolá (editores), *Sordes Urbis*: *La Eliminación de Residuos en la Ciudad Romana*, Roma: L'Erma di Bretschneider, 2000.

[77] Valerio Pocar, *Lo Status Giuridico degli Animali nel Diritto Romano*, in *Rivista di Diritto Romano*, 2003 (Ⅲ), testo online https://www. ledonline. it/rivistadirittoromano/allegati/dirittoromano03pocar. pdf.

[78][意]Paolo Maddalena:《回溯罗马法学范畴与环境法学体系的建构》,张长绵译,载费安玲主编:《学说汇纂》(第 4 卷),台北,元照出版有限公司 2012 年版。

[79][意]安德烈 · 迪 · 波尔托:《罗马法中的环境保护》,罗智敏译,载费安玲主编:《学说汇纂》(第 2

卷),知识产权出版社 2009 年版。

[80][意]弗朗切斯科·德·马尔蒂诺:《个人主义与罗马私法》,薛军译,载徐国栋主编:《罗马法与现代民法》(第 4 卷),中国人民大学出版社 2004 年版。

[81][意]约勒·法略莉:《古罗马的环境保护》,李飞译,载《厦门大学学报》(哲学社会科学版)2012 年第 4 期。

[82]杜平:《西罗马帝国生态环境恶化的历史考察》,载《内蒙古民族大学学报》(社会科学版)2004 年第 2 期。

[83]黄文煌:《论罗马法上的公共引水道——兼论共有物的法律制度》,载徐国栋主编:《罗马法与现代民法》(第 8 卷),厦门大学出版社 2014 年版。

[84]李国平等:《西方发达国家矿产资源所有权制度比较》,载《西安交通大学学报》(社会科学版)2011 年第 2 期。

[85]李长林、杜平:《生态环境的恶化与西罗马帝国的衰亡》,载《湖南师范大学社会科学学报》2004 年第 1 期。

[86]王玉冲、郑坤芳:《论帝国早期罗马城的环境管理》,载《徐州师范大学学报》(哲学社会科学版)2009 年第 2 期。

[87]肖丽:《〈尤利乌斯-母神殖民城法令〉译注》,载《古代文明》2015 年第 4 期。

[88]徐国栋:《共和晚期希腊哲学对罗马法之技

术和内容的影响》,载《中国社会科学》2003 年第 5 期。

[89]徐国栋:《奎里蒂法研究》,载易继明主编:《私法》(第 4 辑第 1 卷),北京大学出版社 2004 年版。

[90]徐国栋:《罗马公共卫生法初探》,载《清华法学》2014 年第 1 期。

[91]徐国栋:《在“奴隶是会说话的工具”错译背后——论罗马私法中的 Instrumentum》,载《河北法学》2020 年第 4 期。

[92]徐国栋等译:《〈十二表法〉新译本》,载《河北法学》2005 年第 11 期。

三、资料汇编

[93] *The Digest of Justinian*, Latin text edited by Theodor Mommsen with the aid of Paul Krueger, English translation edited by Alan Watson, University of Pennsylvania Press, 1985.

[94][古罗马]优士丁尼:《学说汇纂》(第 1 卷:正义与法 · 人的身份与物的划分 · 执法官),罗智敏译,[意]纪蔚民校,中国政法大学出版社 2008 年版。

[95] [古罗马]优士丁尼:《学说汇纂》(第 3 卷:起诉的问题与基本制度),吴鹏译,[意]腊兰校,中国政法大学出版社 2016 年版。

[96][古罗马]优士丁尼:《学说汇纂》(第 6 卷:原物返还之诉),陈汉译,[意]纪蔚民校,中国政法大学出版社 2009 年版。

[97][古罗马]优士丁尼:《学说汇纂》(第7卷:用益权),米健译,法律出版社1999年版。

[98][古罗马]优士丁尼:《学说汇纂》(第8卷),陈汉译,[意]纪蔚民校,中国政法大学出版社2009年版。

[99][古罗马]优士丁尼:《学说汇纂》(第9卷:私犯、准私犯与不法行为之诉),米健、李钧译,[意]纪蔚民校,中国政法大学出版社2012年版。

[100][古罗马]优士丁尼:《学说汇纂》(第21卷:保护买卖的配套诉权),徐铁英译,[意]腊兰校,中国政法大学出版社2018年版。

[101][古罗马]优士丁尼:《学说汇纂》(第41卷:所有权、占有与时效取得),贾婉婷译,[意]纪蔚民校,中国政法大学出版社2011年版。

[102][古罗马]优士丁尼:《法学阶梯》,徐国栋译,[意]阿贝特鲁奇、纪蔚民校,中国政法大学出版社2005年版。

[103][意]桑德罗·斯奇巴尼选编:《债·私犯之债(II)和犯罪》,徐国栋译,中国政法大学出版社1998年版。

[104][意]桑德罗·斯契巴尼选编:《物与物权》,范怀俊译,中国政法大学出版社1999年版。

[105]黄风编著:《罗马法词典》,法律出版社2002年版。

[106]齐云、徐国栋:《罗马的法律和元老院决议大全》,载徐国栋主编:《罗马法与现代民法》(第8卷),厦门大学出版社2014年版。